성공이란 무엇인가?
성공에도 원리와 법칙이 있는가?
개인의 타고난 달란트를 어떻게 개발해야 할 것인가?

MZ 세대를 위한

성공 베이직

나 상 만 저

왜 성공을 배워야 하는가?
사람은 배운 만큼 알고, 알게 된 만큼 인간이 된다!
성공한 사람들은 자신의 달란트, 자신만의 기질(氣質)과 소질(素質),
자신만의 특질(特質)을 조기에 발견하고,
그것을 발전시키기 위해 부단히 노력하고, 연마하여 가꾼 사람들이다!

아이네오

MZ세대를 위한 성공 베이직

지은이 나 상 만
펴낸이 나 상 만
만든이 권 은 주

발행처 도서출판 아이네오
주 소 서울시 관악구 국회단지 15길 3(1층 1호)
전 화 02) 3471-4526
등 록 2008. 11. 24. 제2020-000031호

인쇄 및 제본처 예림인쇄
1판 1쇄 만든 날 2022. 11. 30.
1판 1쇄 펴낸 날 2022. 12. 10.

값 9,500원

ISBN 979-11-85637-28-0

성공을 위한 매뉴얼

모든 사람들은 이 세상에서 살아가는 동안 다녀야 하는 '세 가지 학교'가 있습니다.

첫째는, 지식(知識) 학교,

둘째는, 명철(明哲) 학교,

셋째는, 지혜(智慧) 학교입니다.

여기서 '지식 학교'는 초등 학문, '명철 학교'는 중등 학문, '지혜 학교'는 고등 학문의 과정이라고 할 수 있습니다.

이런 과정을 '거쳤는가, 아닌가?'에 따라서 '사람다운 사람'과 '사람 같은 사람'의 차별성(差別性)이 나타납니다.

인간을 외적인 것으로 판단하는 '종적(縱的)인 관점'에서는 '너'나 '나'나 서로 다를 바가 없습니다.

이는 불의의 사고로 인해 신체적 장애를 갖게 되신 분이나 선천적으로 장애를 가지고 태어난 분이 아니라면 비슷합니다.

그러나 어떤 사람의 됨됨이를 판단해 보는 '횡적(橫的)인 관점'에서는 천차만별(千差萬別)이기 때문에 위에서 언급한 '지식·명철·지혜 학교를 다녔는가? 얼마나 좋은 성적으로 그 학교를 졸업했느냐?' 하는 것을 판단의 기준으로 삼을 수밖에 없고, 이에 따라 판가름이 나는 것입니다.

그렇다면 '지식 학교'는 무엇이며, '명철 학교'와 '지혜 학교'는 무엇일까요?

먼저 '지식 학교'는 인간이 인간과 더불어 살면서 사람답게 살아가는 방법을 가르쳐 주는 학교입니다.
즉, 학문(學問)을 연마(鍊磨)하는 길입니다.

'명철 학교'는 지식 학교를 통하여 배울 수 없는 것들을 배우는 곳으로, '가정 학교'입니다.
가정 학교의 교사는 부모(父母)입니다.
부모 중에서도 어머니를 통해서 교육하는 곳입니다.
자고, 먹고, 사는 법, 대인관계(對人關係)에 이르기까지 교육의 범위(範圍)는 대단히 넓다고 할 수 있습니다.
가정에서 자녀들이 어머니를 통해서 배워야 하는 첫 번째 덕목은 '신앙 교육'입니다.

마지막으로, '지혜 학교'는 우리가 하나님을 통해서 직접 교육을 받는 최상급 학교입니다.
하나님께서는 지혜 자체이십니다.
최고의 선생님께 개인 교습을 받을 수 있다는 것 자체가 얼마나 신나는 일입니까?
따라서 '지혜 학교'는 명문(名門) 중의 명문 학교입니다.
구약성경에 등장하는 이스라엘의 위대한 왕 솔로몬은 대표적인 지혜 학교 출신의 모범생이라고 할 수 있습니다.

그런데 여러분!
솔로몬의 어머니가 누구입니까?

간음한 여인이었습니다.

솔로몬의 아버지는 또 어떠한 사람이었습니까?

살인한 사람이었습니다.

그렇기 때문에 솔로몬은 '명철 학교'에서의 교육이 부실할 수밖에 없었습니다.

이에 솔로몬은 월반이라도 해서 하나님의 지혜 학교에 들어가게 해달라고 부르짖었으며, 특별한 월사금인 '일 천 번제'를 드리기까지 했던 것입니다.

하나님께서는 자신의 '계시'(啓示)를 우리에게 주셨습니다.

우리의 이해를 돕기 위한 현장 교육을 위해서 이 땅에 있는 우리에게 독생자 예수 그리스도를 보내기까지 하셨습니다.

이에 예수님은 우리에게 '구원의 계시'를 주셨습니다.

이 계시는 하나님 자신뿐 아니라 새로운 피조물과 그에게 주어진 특권(特權)과 권능(權能)과 책임(責任)에 대한 증언입니다.

그 계시는 그의 말씀, 곧 '성경'(聖經)입니다.

성도(聖徒)들의 구원(救援)과 삶에서 거룩한 하나님의 말씀인 성경이 차지하는 살아 있는 위치는 말로 다 설명할 수 없을 정도로 엄청난 것입니다.

그 말씀이 결핍(缺乏)될 때 하나님 백성들의 삶은 실패하고, 무능(無能)해질 수밖에 없습니다.

이에 '사탄'은 언제나 하나님의 말씀을 믿지 못하게 합니다.

모든 힘을 다해 교묘(巧妙)하고 악착스럽게 싸웁니다.

하나님께서는 말씀을 통해서 일하시기 때문입니다.

하나님께서 세상을 창조(創造)하실 때 하나님은 말씀의 능력으로 행하셨습니다.

세상은 하나님의 말씀으로 창조되었습니다.

"믿음으로 모든 세계가 하나님의 말씀으로 지어진 줄을 우리가 아나니 보이는 것은 나타난 것으로 말미암아 된 것이 아니니라"(히 11:3)

하나님의 모든 자녀들은 말씀으로 다시 태어납니다.

"너희가 거듭난 것은 썩어질 씨로 된 것이 아니요 썩지 아니할 씨로 된 것이니 살아 있고 항상 있는 하나님의 말씀으로 되었느니라"(벧전 1:23)

하나님께서는 우리가 하나님의 자녀가 된 후에는 영혼의 양식과 영적인 삶의 유지를 위해서 말씀해 주셨습니다.

"사람이 떡으로만 살 것이 아니요 하나님의 입으로부터 나오는 모든 말씀으로 살 것이라"(마 4:4)

우리를 세워 주는 것이 바로 '말씀', 곧 '성경'입니다.
'성경 말씀'은 아주 쉽고 평범하기에 우리를 무지(無知)와 삶의 굴레에서 자유롭게 합니다.
'신앙'(信仰)은 말씀으로 행동하는 것입니다.
'신앙'은 성도의 삶의 모습입니다.

우리는 성경이 하나님의 말씀임을 고백(告白)합니다.
우리는 이 고백과 함께 '하나님이 자신의 말씀을 통해 무엇이라고 내게 말씀하실지'를 끊임없이 탐구(探究)하고 믿습니다.
이것이 바로 우리의 '믿음'입니다.

말씀을 믿을 때 믿음에 해당되는 능력(能力)이 나옵니다.
하나님의 말씀이 나의 말씀이 되어 역사하기 때문입니다.
따라서 무능한 죄인이 말씀의 '지혜 학교'를 통하여 배우게 되면 당당한 하나님의 사람으로 변하게 됩니다.

옛 사람의 모습은 사라지고 새사람이 됩니다.

생각이 바뀝니다.

말이 바뀝니다.

행동이 바뀝니다.

세상 사람이 하늘 사람으로 변합니다.

그의 말씀을 우리의 말로 표현합니다.

우리도 그분이 선언(宣言)한 것을 두려움 없이 선언합니다.

선포(宣布)하면 선포된 말씀과 믿음에 해당되는 역사(役事)가 일어나게 됩니다.

이 얼마나 신바람 나는 일입니까?

많은 경제학자들이 경제적 난국을 예측하고 있습니다.

그러나 성경은 다음과 같이 증거합니다.

> "이 율법 책을 네 입에서 떠나지 말게 하며, 주야로 그것을 묵상하여 그 안에 기록된 대로 다 지켜 행하라! 그리하면 네 길이 평탄하게(prosperous) 될 것이며, 네가 형통(success)하리라"(수 1:8)

이 말씀은 성경 전체 구절 중에서 부요(富饒)와 성공(成功)에 관심이 있는 사람들에게 전하시는 가장 중요한 구절입니다.

사실 이 말씀은 성경 전체에서 '부요와 형통(성공)'이라는 말이 함께 나오는 유일한 구절이기도 합니다.

'부요와 형통(성공)'이라는 주제의 이 성경 말씀은 우리가 '부요와 형통을 원한다면 반드시 해야 할 것 세 가지'를 말해 주고 있습니다.

첫째, 끊임없이 하나님의 말씀을 입으로 말해야 합니다.

성경 구절이 언제나 우리 입에서 나와야 하는 것입니다.

둘째, 늘 그분의 말씀을 연구하고
주야로 그 말하는 바를 묵상해야 합니다.

셋째, 성경이 요구하는 그대로 살아야 합니다.
하나님의 말씀을 잘 알아서 '그 안에 기록한대로 다 행하라'는 것입니다.

묵상과 형통(亨通)**을 말하는 또 다른 성경 구절은 시편의 맨 앞부분입니다.**

"복 있는 사람은 악인들의 꾀를 따르지 아니하며 죄인들의 길에 서지 아니하며 오만한 자들의 자리에 앉지 아니하고, 오직 여호와의 율법을 즐거워하여 그의 율법을 주야로 묵상하는도다. 그는 시냇가에 심은 나무가 철을 따라 열매를 맺으며 그 잎사귀가 마르지 아니함 같으니 그가 하는 모든 일이 다 형통하리로다"(시 1:1-3)

우리가 이루고자 하는 모든 일에 형통(亨通)하기 위해서는 첫째로, '악인의 꾀를 따르지 아니하는' 삶을 살아야 합니다.
하나님께서는 형통에 대한 세상의 방법이 아니라 하나님의 법칙을 따를 때 우리를 축복하십니다.
하나님께서는 우리가 죄 많은 세상 사람들처럼 사는 것을 원하지 않으실 뿐 아니라, 우리가 세상 사람들의 안목(眼目)을 닮지 말고 하나님의 법칙에 따르기를 바라고 계십니다.
이에 로마서 12장 2절에서 다음과 같이 증거합니다.

"세상적으로 일을 처리하는 방식을 따르지 말고, 하나님의 법칙을 따름으로 삶을 변화시키라"

어떻게 하면 그렇게 될 수 있을까요?
'하나님의 말씀을 사랑하고, 실제로 그 말씀 안에서 즐거워하면' 그렇게 될 수 있습니다.

이렇게 할 때 어떤 일이 일어납니까?

성경은 우리가 '시냇가에 심은 나무'처럼 '철을 따라 열매를 맺으며, 그 잎사귀가 마르지 않게 될 것'이라고 했습니다.

아무리 심한 가뭄이 오래 지속된다고 하더라도 이 나무의 뿌리가 강으로부터 물을 빨아들일 수 있기 때문에 그 나뭇잎은 시들거나 마르지 않을 것입니다.

그래서 강가의 나무는 가뭄과 상관없이 언제나 계속 열매를 맺게 됩니다.

미래세대를 예측하는 많은 경제학자들은 "재정적인 가뭄이 다가오고 있다."고 말합니다.

이미 현재 세계의 경제는 인플레이션, 불황, 실업 등으로 인해 시들어 가기 시작했습니다.

그러나 그런 가뭄 가운데서도 그리스도인들은 계속 번창할 수 있으며, 계속 열매를 맺을 수 있습니다.

밤낮으로 하나님의 말씀을 묵상하여 우리의 '뿌리'가 하나님의 부요법칙에 깊이 접합되어 있다면 우리가 소망하는 그 모든 일이 성공하여 형통한 삶을 살 수 있게 되는 것입니다.

그런데 불행하게도 많은 그리스도인들이 이 같은 하나님의 성공법칙을 알지 못하여 재정적으로 힘들어 합니다.

하나님의 법칙을 깨닫지 못해 실패의 삶을 살아갑니다.

이에 대하여 성경은 다음과 같이 증거합니다.

"내 백성이 지식이 없음으로 망하는도다…"(호 4:6)

그러므로 이 시대를 사는 우리 모든 사람들이 성공적인 삶을 살기를 원한다면 하나님의 성공법칙을 깨닫고, 그 법칙에 따라 훈련한 만큼 성공적인 삶을 살 수 있습니다.

"…의인은 그의 지식으로 말미암아 구원을 얻느니라"(잠 11:9)

"할렐루야! 여호와를 경외하며, 그의 계명을 크게 즐거워하는 자는 복이 있도다. 그의 후손이 땅에서 강성함이여 정직자의 후손에게 복이 있으리로다. 부와 재물이 그의 집에 있음이여! 그의 공의가 영구히 서 있으리로다"(시 112:1-3)

하나님의 말씀은 우리에게 절대적인 즐거움이 되어야 합니다. 왜냐하면 하나님의 말씀은 이 땅에서 행복한 삶을 살기 위해 알아야 할 모든 것을 밝혀 주고 있기 때문입니다.

"그의 신기한 능력으로 생명과 경건에 속한 모든 것을 우리에게 주셨으니, 이는 자기의 영광과 덕으로써 우리를 부르신 자를 앎으로 말미암음이라"(벧후 1:3)

이 말씀이 의미하는 바를 완전히 이해한다면 하나님의 말씀에 따라 실천하고, 훈련하는 일을 결코 게을리 할 수 없을 것이며, 너무도 즐거워서 밤낮으로 하나님의 말씀을 기쁘게 묵상하고, 훈련할 것입니다.

하나님의 말씀에 대한 연구와 묵상과 훈련을 지속적으로 해 나간다면 우리 삶의 모든 부분은 재정적 · 영적 · 신체적 · 정신적 · 정서적인 영역에서 형통할 것입니다.

이 글을 읽으시는 여러분들에게 이러한 축복이 임하시기를 주님의 이름으로 축원합니다.

아이네오 연구실에서
나상만 목사

목 차

모든 사람들은 이 세상에서 살아가는 동안 다녀야 하는 '세 가지 학교'가 있습니다. 첫째는, 지식(知識) 학교, 둘째는, 명철(明哲) 학교, 셋째는, 지혜(智慧) 학교입니다. 여기서 '지식 학교'는 초등 학문, '명철 학교'는 중등 학문, '지혜 학교'는 고등 학문의 과정이라고 할 수 있습니다. 이런 과정을 '거쳤는가, 아닌가?'에 따라서 '사람다운 사람'과 '사람 같은 사람'의 차별성(差別性)이 나타납니다.

지금까지 좋은 고등학교에서 열심히 공부했습니까? 지금까지 좋은 대학에서 열심히 공부했습니까? 아니면 공부할 수 있는 기회를 잃고 살아가고 있습니까? 지금까지 우리가 배우고 알게 된 것들은 '벽돌·목재·시멘트·전기처럼 집 짓는 데 필요한 재료'라고 생각하십시오. "사람은 배운 만큼 알고, 깨닫고 알게 된 만큼 인간이 된다!"

인간에게 성공할 수 있는 본능이 '있는가?' 아니면 '없는가?'에 대한 해답은 너무도 간단합니다. 인간은 만물 중에서 '성공 본능'이 가장 강합니다. 인간 문화와 문명의 금자탑(金字塔)은 사실상 인간의 '성공 본능'이 만들어 낸 작품입니다. 인간은 누구나 '성공 본능'을 가지고 세상에 태어납니다. 이 성공 본능을 개발하고 발전시키는 것이 성공의 기초입니다.

이 세상에 존재하는 모든 것들은 자신 안에 잠재(潛在)되어 있는 자신들만의 능력(能力)을 가지고 태어납니다. 이 능력이 자신을 보존하고, 자신을 성장하게 하고, 자신의 발전을 위한 도구가 되는 것입니다. 이 같은 능력은 이 세상에 존재하는 모든 생명들이 본질적(本質的)으로 가지고 태어나는 것입니다. 따라서 '내 안의 잠재 능력 개발'이 곧 성공을 가져오게 되는 것입니다.

'성공'에 대한 지금까지의 보편적 개념은 '부·귀·공·명·장수'를 이루어내는 것입니다. 그런데 다른 차원에서 '성공'을 본다면 '정신적인 측면에서의 성공'과 '물질적인 측면에서의 성공'을 생각할 수도 있습니다. 또한 종교적인 측면에서는 '보이는 세계에서의 형이하학적(形而下學的)인 성공'과 '보이지 않는 영원 세계에서의 형이상학적(形而上學的)인 성공'이 있습니다.

부자(富者)의 삶은 결코 혼자서 이룰 수 있는 것이 아니라 '하늘의 축복과 부모의 협조와 적절한 시기와 지혜와 지식 위의 노력'에 의해서 결실을 맺게 되는 것입니다. '대복(大福)은 천복(天福)이요, 소복(小福)은 근면(勤勉)이다'라는 말은 '작은 부자는 부지런하고 절약하면 될 수 있지만, 큰 부자는 하늘이 내는 것'이라는 의미입니다.

학교 교육은 90% 이론에, 10% 실습으로 진행합니다. 그러나 훈련은 10% 이론에 90% 실습으로 일관됩니다. 바로 여기에 '성공의 원리'가 있는 것입니다. 모든 성공한 사람들은 교육보다는 훈련이 잘되어진 사람들입니다. 그러므로 목적에 대한 이론이 분명하게 서 있다고 판단하면, 반드시 훈련에 들어가야 합니다. 훈련은 이론의 9배를 더하여야 하며, 때로는 30배, 60배, 100배, 1000배를 더해야 합니다.

성공적인 삶을 살기 원하십니까? 지금부터 여러분의 달란트를 점검해 보십시오. 그리고 그것이 얼마만큼 연마되어 '내 삶에 적용되고 있는가?'를 점검해 보십시오. 알버트 아인슈타인(Albert Einstein)은 "나는 나에게 주어진 능력의 18%를 사용했을 뿐이다."라고 하면서 달란트 개발에 불성실했음을 고백했다고 합니다. 그렇다면 여러분은 지금 자신에게 주어진 달란트를 과연 몇% 사용하고 계십니까?

좋아하면 닮는 것이 우리의 마음입니다. 바라보면 저절로 다가가게 됩니다. 매력을 느끼면 끌리게 되고, 소원하면 소유하게 됩니다. 그러므로 성공적 삶을 살아간 선배를 닮고, 그를 바라보며, 그에게 매력을 느끼고, 그와 같은 사람이 되도록 해야 합니다. 성공적 삶을 산 이들의 로망적 생각과 돈키호테적 행동을 조화시켜 들여다보는 것은 성공을 위한 첫 걸음입니다.

'성공은 어떻게 할 수 있는가?'라는 질문이 거창한 것 같지만 실상은 그렇지 않습니다. 성공은 '하는 것이다'라는 말로 대변되는 너무도 쉽고 간단한 것입니다. 사람이 가지고 있는 능력은 하는(행동) 데서만 발휘됩니다. 성공을 하려는 데만 탐하지 말고, '하면 된다'는 소박한 개념부터 확보하고 이 개념을 끊임없이 반복·지속하는 것이 필요합니다.

성공은 달란트 개발과 절대적인 관계를 갖고 있으며, 교육이란 이 타고난 기질(소질)의 재질인 달란트를 잘 개발하도록 연마하는 것입니다. 그러므로 모든 사람들을 교육을 먼저 시킬 것이 아니라, 그 개개인의 달란트를 세밀하게 측정한 후에 그 달란트 개발에 맞는 교육 프로그램을 짜서 교육 훈련에 임해야 성공자로 양성할 수 있는 것입니다.

'개선(改善)'이란 '최선의 방향으로 고치다'라는 뜻입니다. 교육이란 것도 개선의 한 분야를 담당합니다. 그런데 여기에는 중요한 요소가 있습니다. 그것은 '어떤 방향으로 개선할 것인가?'입니다. 이는 자기의 장래를 운명 짓게 하는 중요한 요소입니다. 성공하기를 원하십니까? 그렇다면 자기 자신을 '좋은 사람'으로 개선하십시오.

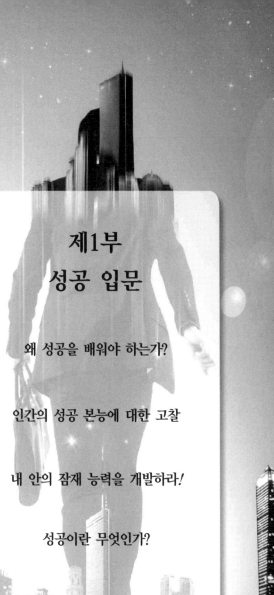

제1부
성공 입문

왜 성공을 배워야 하는가?

인간의 성공 본능에 대한 고찰

내 안의 잠재 능력을 개발하라!

성공이란 무엇인가?

왜 성공을 배워야 하는가?

독자 여러분은 '왜 성공을 배워야 하는가?'에 대해서 생각해 본 적이 있으십니까?

많은 사람들이 열심히 공부(工夫)합니다.
어떤 사람들은 열심히 노력(努力)합니다.
왜 그렇게 합니까?
분명히 공부를 위한 공부는 아닐 것입니다.
노력을 위한 노력도 아닐 것입니다.
성공을 위해 열심히 공부하고, 성공을 위해 노력하는 것입니다.

법과대학을 졸업하고, 사법고시를 패스하고, 변호사가 되었다고 해서 반드시 성공한 사람이 되는 것은 아닙니다.
사법고시나 행정고시에 패스한 그 많은 사람들 가운데도 삶에 성공한 사람은 그리 많지는 않습니다.

일류대학을 수석으로 입학하고, 수석으로 졸업했다고 해서 반드시 성공하는 것은 아닙니다.
국회의원에 당선이 되어 금배지를 달았다고 정치가로서 성공한 것은 아닙니다.
이들 가운데도 인생의 낙오자(落伍者)들이 허다합니다.

세계 100대 재벌 가운데 일류대학 출신이 거의 없다는 사실을 잘 아실 것입니다.

그렇다면 왜?
일류대학도 나왔는데…,
사법고시도 패스하였는데…,
국회의원도 당선되었는데…,
성공의 모든 조건을 갖추었음에도 불구하고 성공한 사람들은 그리도 희귀(稀貴)합니까?

이에 대한 이유와 해답은 간단합니다.
국어 공부를 잘하여 문장력(文章力)이 훌륭하다고 해서 미적분과 함수를 푸는 수학까지 잘하는 것은 아니기 때문입니다.
한마디로 공부를 잘했다고 해서 성공하는 방법도 통달(通達)했다고는 할 수 없다는 것입니다.
이 세상에 배우지 않고 아는 사람은 없습니다.
그래서 칸트는 "인간은 교육적 동물이다."라고 말했습니다.

인간은 원시인이나 문화인이나 그 누구이든지 태어날 때는 IQ가 '0'으로 태어난다고 합니다.
따라서 원시 시대에 태어났다고 해서 '원시인'이 아닙니다.
문화 시대에 태어났다고 해서 '문화인'이 아닌 것입니다.

원시 시대에 태어난 사람은 '원시적 교육'을 받아서 '원시인'이 되고, 문화 시대에 태어난 사람은 '문화적 교육'을 받아서 '문화인'이 되는 것입니다.
원시 시대에 태어난 사람은 원시 시대적인 환경과 원시적 교육을 통해서 그대로 '원시인'이 되는 것입니다.

'인간은 배워서 아는 것만큼 인간이 될 수 있다'는 것입니다.

실증(實證)적인 예(例)를 하나 들겠습니다.

신실한 선교사 한 분이 인도의 어느 시골에서 선교사역을 하고 있었습니다.
어느 날 선교사가 깊은 산골에 기도하러 갔었는데 그 깊은 산골짜기에서 이상한 소리가 들려왔습니다.
이에 선교사는 숨을 죽이고 가만히 소리가 나는 곳으로 갔습니다.
가서 보니 놀랍게도 열 살쯤 되어 보이는 아이가 있었습니다.
선교사가 "얘, 이리 오너라." 하고 말하자 이 아이는 늑대 소리와 같은 희한한 비명을 지르면서 네 발로 늑대처럼 뛰어 도망치고 말았습니다.
선교사는 조용히 산을 내려 왔습니다.

며칠이 지난 후 선교사는 그물망을 준비해서 동네 사람들과 함께 다시 산에 올라갔습니다.
늑대 소년은 그곳에 있었고, 동네 사람들은 그 소년을 포위한 후 그물을 던져 잡아서 그 소년을 마을로 데리고 내려왔습니다.
조사해 본 결과 그 소년은 마을의 한 처녀가 불륜으로 임신이 되자 아기를 낳은 뒤 겁이 나서 깊은 산 속에 버린 아이인데, 그곳에 있던 암 늑대가 아기 울음소리를 듣고 모성애가 발동되었는지 자신의 젖을 먹여 키운 것입니다.

세상에서 인간이라고는 단 한 번도 구경해 본 적이 없는 아이는 늑대의 젖을 먹고, 늑대의 언어 즉, '우 우 우' 하는 소리를 배우고, 네 발로 뛰어다니는 것을 배우게 되었습니다.
벌거벗은 채 맨발로 사는 것을 배우고, 사냥해서 생고기로 찢어 먹는 식사요법을 배우는 등 어미 늑대의 문화를 배웠습니다.
겉만 이목구비가 분명한 사람이지, 늑대의 사고와 늑대의 문화와 늑대의 생활양식을 그대로 따르고 있었던 것입니다.

이는 늑대가 인간을 교육시킨 인간 역사 최초의 실화인데, 인간 교육에서 주장하는 모든 학설을 뒤엎고 '인간은 교육받고 아는 것만큼의 인간이 된다'는 이론을 도출(導出)했습니다.

한편 선교사는 그 늑대 소년이 사람다운 삶을 살게 하기 위해서 그날부터 '사람다운 사람이 되는 교육'을 시켰습니다.

먼저는, 옷을 입는 습관을 가르쳤습니다.
그런데 옷만 입혀 놓으면 벗어서 갈기갈기 찢어 땅에 묻어버립니다.

다음은, 익힌 밥을 먹는 식생활 교육입니다.
그런데 절대로 화식(火食)을 하지 않습니다.
가만히 웅크리고 앉아 있다가 마당에 돌아다니는 닭을 낚아채서 마루 밑으로 가져가 날것 그대로 뜯어먹었습니다.

계속해서 침대에서 잠자는 교육을 시켰습니다.
그런데 침대에 눕혀 놓으면 일어나서 낑낑거리다가 마루 밑에 흙을 파고 웅크리고 눕는 것입니다.

뿐만 아니라 말하는 언어 교육도 시켰습니다.
그런데 늑대 소리만 내고 도무지 따라하지 않습니다.
의식주와 같은 문화 교육이 잘되지 않는 것입니다.

그러나 선교사는 '늑대도 사람이 늑대 되도록 교육시켰는데 어찌 인간이 사람이 되는 교육을 못시키랴'고 생각하면서, 6년 동안 포기하지 않고 온갖 정성을 기울여 '사람이 되는 인간 문화 교육'을 시켰습니다.

6년째가 되자 그 늑대 소년은 옷을 입게 되었고, 넥타이도 맬 수 있고, 익힌 밥을 먹고, 침대에서 잠을 자게 되었으며, 발음이 정확하지는 않지만 말도 할 수 있게 되었습니다.
그런데 7년째 되는 어느 날 그 늑대 소년은 신체에 이상이 생기게 되었고, 마침내 병들어 죽고 말았습니다.

우리는 이 인간 교육 실험 속에서 "인간은 교육적 동물이다."라고 주장한 칸트(Kant)의 학설을 실증하게 될 것입니다.

이처럼 '인간이 무엇을 배울 것인가?' 하는 인간의 '교육 과정'은 매우 중요한 것입니다.

영문학을 전공했다고 해서 '성공학'을 공부한 것이 아닙니다. 수학을 공부했다고 해서 '성공학'을 공부한 것이 아닙니다. 좋은 대학을 나왔다고 해서 '성공대학'을 나온 것도 아닙니다. 사법고시를 패스했다고 해서 '성공자'가 되는 것도 아닙니다. 국회의원에 당선되었다고 해서 반드시 정치인으로서 '성공한 사람'이 되는 것도 아닌 것입니다.

'성공도 공부해야 하고, 연구해야 성공할 수 있다'는 논리입니다.
이런 의미와 원리에서 우리가 깨달을 수 있는 것은 '성공하기 위해서는 반드시 성공의 법칙을 배워서 알아야 하고, 성공법칙에 따라 실천한 만큼 성공할 수 있다'고 하는 사실입니다.

이에 필자는 'MZ세대를 위한 성공 베이직'이라고 하는 본서를 통하여 '성공의 비결'을 찾아보고, 이에 대해 배워보고자 하는 것입니다.

왜 성공을 훈련해야 하는가?

인간의 성공이란 무엇인가?

인간의 성공원리란 무엇인가?

인간의 성공법칙이란 무엇인가?

인간의 성공본능이란 무엇인가?

인간의 성공 능력을 어떻게 개발할 것인가?

독자 여러분!
지금까지 좋은 고등학교에서 열심히 공부했습니까?

지금까지 좋은 대학에서 열심히 공부했습니까?
아니면 공부할 수 있는 기회를 잃고 살아가고 있습니까?

지금까지 우리가 배우고 알게 된 것들은 '벽돌·목재·시멘트·전기처럼 집 짓는 데 필요한 재료'라고 생각하십시오.
본서는 이러한 재료들을 가지고 어떤 설계를 해서 얼마나 멋진 집을 지을 것인가를 배우는 지침서(指針書)가 될 것입니다.
'MZ세대를 위한 성공 베이직'은 '인생의 멋진 집을 설계하고 그 집을 쌓아가는 건축과 같다'고 할 것입니다.

우리 모두 큰 소리로 외쳐봅시다.
"사람은 배운 만큼 알고, 깨닫고 알게 된 만큼 인간이 된다!"

모든 학문은 배워야 아는 것처럼, 성공도 배우고 실천해야 하는 학문입니다.
독자 여러분은 본서를 통하여 성공의 원리를 새롭게 인식하고, 열심히 묵상하시기 바랍니다.
또한 주변의 많은 사람들에게 전해줌으로써 함께 성공의 비결과 방법을 연구하고, 터득해 나가면 반드시 성공자가 될 것입니다.

성공을 위한 베이직 트레이닝

❖ 성공과 행복한 삶을 위하여 기도하고 묵상하라

우리는 아무리 바쁘더라도 성공과 행복한 삶을 위해서는 기도하고 묵상하는 시간을 가져야 합니다.

기도하고 묵상하는 시간은 지혜와 힘을 얻는 시간입니다.

기도하고 묵상하는 시간을 통하여 우리는 현재의 문제를 해결하는 지혜와 힘을 얻으며, 이러한 해결 방법에 대한 확신을 가지고 집중할 것입니다.

이러한 지혜와 힘을 경험한 사람은 그 어떤 문제를 만나든지 마음의 평정을 유지하게 됩니다.

심각한 문제에 봉착했습니까?

그렇다면 반드시 기도와 묵상의 시간을 가지십시오.

미래를 생각한다면 더 깊이 기도하고 묵상하십시오.

이렇게 기도하고 묵상에 깊이 들어가면 하나님으로부터 창의적인 생각을 축복으로 받게 될 것입니다.

❖ 베이직 트레이닝

1. 성공과 행복한 삶을 위해서는 우리의 과거와 현재, 미래를 위하여 기도하고 묵상하는 시간을 가져 보십시오.

2. 다음과 같은 질문에 대답하는 기도를 하고, 묵상하십시오.

   • 하나님은 지금 우리의 일이 잘 진행되거나 진행되지 않는 이유에 대해 무엇이라고 말씀하실까?

   • 하나님은 현재의 상태를 변화시키거나 유지하기 위해서 나에게 무엇을 요구하시는가?

   • 하나님은 나의 미래를 위해 나에게 무엇을 하라고 말씀하시는가?

   • 내가 더 많이 기도하고 묵상해야 할 때는 언제인가?

우리에게는 성공 본능이 있는가?

우리 인간의 '성공 본능'에 대해 생각해 보고자 합니다.
여러분에게 한 가지 질문을 하겠습니다.

　"여러분! 인간은 성공할 수 있는 본능을 소유하고 있을까요?"

　인간에게 성공할 수 있는 본능이 '있는가?' 아니면 '없는
가?'에 대한 해답은 너무도 간단합니다.
　인간은 만물 중에서 '성공 본능'이 가장 강합니다.
　인간 문화와 문명의 금자탑(金字塔)은 사실상 인간의 '성공
본능'이 만들어 낸 작품입니다.

　　자동차를 만들고,

　　배를 만들고, 비행기를 만들고,

　　고층 빌딩을 짓고,

　　인공위성을 만들고,

　　심장이식 수술을 하고,

　　컴퓨터를 만들고,

　　유전자 공학을 발전시키는……

　　이 모든 것은 인간의 '성공 본능'이 가져온 결과들입니다.

인간은 누구나 '성공 본능'을 가지고 세상에 태어납니다.
이 성공 본능을 개발하고 발전시키는 것이 성공의 기초입니다.

우리가 성공 본능을 억제하고 잠재되어 있는 성공 능력을 개발하지 않는다면, 사람이 성공할 수 있는 모든 조건들을 갖추어 놓고도 실패를 자초(自招)할 수 있습니다.

예를 들어 보겠습니다.

캄캄한 방안에 넝쿨풀 한 포기를 심어놓았다고 합시다.

그 넝쿨풀은 어느 한 쪽을 향하여 계속 질주하듯이 뻗어나가게 됩니다.

결국 넝쿨풀은 벽 틈새로 희미하게 느끼는 태양 광선을 감지하고 '이 벽을 뚫고 나가면 반드시 태양을 만나게 될 것'이라고 느낄 것입니다.

이는 지금 당장 태양은 보이지 않지만 태양이 존재한다는 주파수가 식물 속에 잠재되어 있기 때문입니다.

이 잠재의식의 장치가 곧 '성공 본능'입니다.

이 성공 본능에 따라 줄기차게 움직이는 활동에 의해 생존하고 성장하고 발전하는 성공을 가져오는 것입니다.

우리 인간도 마찬가지입니다.

변증법(辨證法)을 빌린다면 '목마르다고 느끼는 것은 물이 존재한다'는 증거이며, '행복에 목말라 있다면 행복이 존재한다'는 증거이듯이 마찬가지로 인간이 성공을 위해서 밤낮으로 수고하고, 노력하고, 애쓴다는 것은 인간의 잠재의식(潛在意識) 속에 '성공 본능'이 내재(內在)해 있다는 증거입니다.

이러한 의미에서 이 땅에 인간만큼 성공에 대한 욕구가 충만한 존재는 없습니다.

따라서 사람 속에 있는 이러한 성공 본능을 억제한다는 것은 '자기 보존'과 '자기 성장'과 '자기 발전'을 저해하는 것입니다.

이에 필자는 '성공 본능'이 하나님께서 주신 선물이라면 '실패 본능'은 사탄이 준 것이라 말하고 싶습니다.

이처럼 우리 모든 인간은 성공할 수도 있고, 실패할 수도 있는 두 가지 본능을 가지고 있는 것입니다.

'지킬 박사와 하이드'(Jekyll and Hyde)라는 소설에 보면 지킬 박사와 하이드가 등장합니다.

저자는 이 두 주인공을 통해 인간의 양면성(兩面性)을 말합니다.

낮에는 선함으로 가득 찬 의료 활동을 통해 성공적인 삶을 영위(營爲)하는가 하면 밤에는 살인마로서 끔찍한 살인 행위를 통해 실패의 삶을 자초합니다.

'지킬 박사와 하이드'는 오늘을 사는 모든 사람들의 본능 속에 선과 악이 공존(共存)하며, 성공과 실패가 공존하고 있음을 규명해 주는 인간 심리 소설입니다.

인간은 이 성공의 본능과 실패의 본능 중 어느 것을 개발하고, 발전시켜 사용하느냐에 따라서 성공할 수도 있고, 실패할 수도 있다는 것입니다.

인간의 지식이 충만하다고 해서 당연히 성공을 한다거나 반대로 지식이 부족하다고 해서 실패하는 것이 아닙니다.

실패 본능을 억제하고, 성공 본능을 개발하고, 발전시키고, 사용하는 데서 성공적인 삶을 갖게 되는 것입니다.

그렇다면 성공한 사람은 누구일까요?

성경은 성공한 사람을 '복 있는 자'라고 말합니다.

> "복 있는 사람은 … 시냇가에 심은 나무가 철을 따라 열매를 맺으며 그 잎사귀가 마르지 아니함 같으니 그가 하는 모든 일이 다 형통하리로다"(시 1:1-3)

따라서 성공한 사람은 자기 자신이 '복 있는 자'라고 하는 자기성찰(自己省察)이 필요합니다.

성경은 '복 있는 자'(성공자)에게는 세 가지 행동 강령이 있음을 말하고 있습니다.

> "복 있는 사람은 악인들의 꾀를 따르지 아니하며 죄인들의 길에 서지 아니하며 오만한 자들의 자리에 앉지 아니하고 오직 여호와의 율법을 즐거워하여 그의 율법을 주야로 묵상하는도다"

여기서 '복 있는 사람'(성공자)은

악인들의 꾀를 따르지 아니하고,
죄인들의 길에 서지 아니하며,
오만한 자들의 자리에 앉지 아니한다는 것입니다.

반대로 성경은 실패자를 '화 있는 자'로 말합니다.

'화 있는 자'는 성공 본능에 대한 '자기성찰이 없는 자'입니다.

성경은 이 같은 실패 본능을 가진 사람에게도 세 가지 행동의 함정(陷穽)이 있음을 증거합니다.

그들은 악한 꾀를 만들어 내고,
그들은 죄 지을 방법을 모색하며,
그들은 오만 방자한 헛된 생각을 갖는다는 것입니다.

이는 실패 본능을 최대한으로 일으키는 사람입니다.

실패 본능은 마약과 같은 것이기에 오히려 성공할 것 같은 강렬한 유혹(誘惑)을 불러일으킵니다.

이처럼 성공 본능은 자기 마음의 성찰입니다.

왜냐하면 모든 행동은 마음의 명령을 따르기 때문입니다.

마음의 생각이 바뀌면 행동이 바뀌고, 행동이 바뀌면 인생이 바뀌는 것입니다

여기서 중요한 것은 '어떤 선택을 할 것인가?'입니다.

왜냐하면 성공은 선택의 기능에서 출발하기 때문입니다.

그렇다면 성공을 위한 '자기 선택'을 어떻게 해야 할까요?

성공자는 인생에 있어서 선택이 얼마나 중요한 것인가를 아는 사람입니다.

그래서 성공자는 선택에 신중을 기할 뿐 아니라, 선택에 대한 기능을 가지고 있는 사람인 것입니다.

사람의 선택에는 어려운 선택과 쉬운 선택이 있습니다.

이타적인 선택은 어렵고, 이기적인 선택은 매우 쉽습니다.

사람들은 '이기적인 선택이 성공을 가져오리라' 생각하지만 실제로는 그렇지가 않습니다.

그러나 대부분의 실패자들은 이것을 선택합니다.

에덴동산에는 '생명과'와 '선악과'라는 두 과실이 주렁주렁 열려 있었습니다.

하나님께서는 '생명과'는 '따 먹으면 영원히 영생할 수 있는 과실'이며, '선악과'는 '따 먹는 날에는 영원히 사망에 이르는 과실'이라고 가르쳐 주시고, 경고하시고, 교육하셨습니다.

그럼에도 불구하고 신의 형상으로 지음을 받았다는 아담과 하와조차도 '생명과'보다는 '선악과'를 선택한 것입니다.

이것은 사탄이 실패 본능을 강하게 자극했기 때문입니다.

인간 누구에게나 나타날 수 있는 실패 본능의 '선행심리'(先行心理)인 것입니다.

그러나 성공 본능은 '후행심리'(後行心理)로 오는 것입니다.

'실패는 성공의 어머니'라는 말은 '실패를 딛고 일어선 사람들이 결국 실패 본능을 청산하고, 성공 본능을 발견했다'는 고백에서 나온 말입니다.

영원히 행복해야 할 결혼생활이 한순간의 잘못된 선택으로 인해 불행하게 끝맺음했다고 가정해 보십시오.

그러나 이것은 피차 모르고 저지른 무지의 소치입니다.

'무지(無知)가 죄(罪)'라는 고대 그리스 철학자 소크라테스 (Socrates)의 논리(論理)도 이러한 맥락에서 나온 고백일 것입니다.

인간은 무지 때문에 많은 시행착오(試行錯誤)를 겪게 됩니다.

이러한 의미에서 성공한 사람은 언제든지 다음과 같은 두 가지 선택의 기로에 서게 마련입니다.

- 선을 선택할 것인가!? – 악을 선택할 것인가?
- 좋은 것을 선택할 것인가!? – 나쁜 것을 선택할 것인가?
- 의를 선택할 것인가!? – 죄를 선택할 것인가?
- 옳은 것을 선택할 것인가!? – 그른 것을 선택할 것인가?
- 행복을 선택할 것인가!? – 불행을 선택할 것인가?
- 사랑을 선택할 것인가!? – 미움을 선택할 것인가?
- 칭찬을 선택할 것인가!? – 질투를 선택할 것인가?
- 성공을 선택할 것인가!? – 실패를 선택할 것인가?

여기서 대부분 사람들은 전자를 선택하고 싶을 것입니다.

그러나 실상은 그 반대를 선택한 사람들이 대다수입니다.

그들은 전자의 선택은 매우 어렵다고 변명(辨明)합니다.

이는 실패 본능이 가져다 준 결과입니다.

실패 본능을 자극해서 만들어 낸 변명에 불과한 것입니다.

왜냐하면 죄악 된 것, 나쁜 것, 불행한 것을 선택하기는 매우 어렵고도 힘든 것이기 때문입니다.

선한 것과 좋은 것, 행복한 것을 선택하는 것이 오히려 쉽고, 가벼울 수 있는데, 우리는 어려운 것에만 보다 깊은 관심을 갖습니다.

여기에는 우리 교육의 잘못된 영향도 한 몫을 하고 있습니다.

우리는 초·중·고·대학에서 수많은 시험을 치르게 됩니다.

이때 치르는 시험 문제는 어려운 것만 골라서 출제하기 때문에 우리는 어려서부터 어려운 것을 선택하는 훈련을 받습니다.

바로 여기에 문제가 있습니다.

선(善)은 쉽고, 죄악(罪惡)의 길은 어렵습니다.

그럼에도 불구하고 어려운 것을 선택하는 심리가 바로 어려운 것을 선택하는 데 잘 길들여진 자아(自我)에서 실패 본능의 자극을 통해 발생되는 것입니다.

여기에 사과 한 상자가 있다고 합시다.

대부분 사람들은 상하고 썩은 것부터 먼저 골라 먹습니다.

이것이 모든 사람의 심리입니다.

그러나 이 같은 사람은 어리석은 사람입니다.

왜냐하면 그 사람은 끝까지 썩은 사과만 골라 먹어야 하기 때문입니다.

그러나 반대로 좋은 사과부터 매일 골라 먹는 사람은 현명한 사람입니다.

왜냐하면 이 사람은 매일 좋은 사과를 먹을 수 있기 때문입니다.

그러므로 성공하기를 원하십니까?

그렇다면 여러분의 마음속에 두 가지의 본능이 내재해 있음을 성찰(省察)하고 자각(自覺)한 후에 선택의 의지(意志)를 바르게 하는 것입니다.

예수님께서는 모든 사람들에게 말씀하십니다.

"수고하고 무거운 짐 진 자들아! 다 내게로 오라. 내가 너희를 쉬게 하리라. 나는 마음이 온유하고 겸손하니 나의 멍에를 메고 내게 배우라 그리하면 너희 마음이 쉼을 얻으리니, 이는 내 멍에는 쉽고 내 짐은 가벼움이라"(마 11:28-29)

그러므로 어려운 것, 무거운 것, 힘든 것을 선택하지 말고 쉬운 것, 가벼운 것, 편한 것을 선택하십시오.

실패 본능이 가져다 준 것은 모두 힘들고 어려운 것들입니다.

그러나 성공 본능이 가져다 준 것은 모두가 쉬운 것들입니다.

사업도 마찬가지입니다.

사업도 우리가 가장 잘할 수 있는 것을 하고, 우리가 가장 쉽게 할 수 있는 것부터 시작해야 성공하게 되는 것입니다.

우리가 성공하기 위해서는 이러한 자기성찰이 필요합니다.

자기가 가지고 있는 성공 능력을 개발해서 천부적으로 부여받은 '성공 인생'을 '실패 인생'으로 만들지 말아야 합니다.

삶의 가치를 발견하는 것이 매우 중요한 것입니다.

성공을 훈련하는 것이 무엇입니까?

성공을 훈련하는 것은 인간이라면 누구든지 천부적(天賦的)으로 부여받은 '성공 본능'을 개발하고, 발전시키는 것입니다.

삶을 반드시 성공자로 만들겠다는 다짐입니다.

이것이 성공의 길입니다.

그러므로 이미 배운 학력과 경력으로 자만하지 마십시오.

또한 배움의 기회를 잃었다고 실망하지도 마십시오.

다만 지금부터 성실하게 성공을 위해 연구 개발하십시오.

성공한 사람들은 자신의 달란트, 자신만의 기질(氣質)과 소질(素質), 자신만의 특질(特質)을 조기에 발견하고, 그것을 발전시키기 위해 부단히 노력하고, 연마하여 가꾼 사람들입니다.

"내게 능력 주시는 자 안에서 내가 모든 것을 할 수 있느니라"(빌 4:13)

성공을 위한 베이직 트레이닝

❖ 걱정하고 근심 중에도 목적과 목표를 향해 전진하라

우리가 이루고자 하는 목적과 목표를 성취하기 위해서는 생각과
행동을 재조정할 때가 있습니다.
조정(調整)은 비전(vision)을 이루는 효율적인 방법입니다.
따라서 가다가 쉬어가더라도 전진(前進)을 생각하십시오.

어려운 상황 때문에 긴장할 수 있으나 가던 길을 멈추면 목표는
영원히 먼 곳에 있을 뿐입니다.
걱정과 염려는 문제 해결의 방법이 아닙니다.

걱정을 목표 성취의 에너지로 바꾸십시오.
염려가 생기면 성취할 목표를 생각하십시오.
걱정하는 시간에 행동하십시오.

❖ 베이직 트레이닝

1. 최근에 걱정하고 근심하던 상황이 무엇이었습니까?

2. 나의 전진을 멈추도록 압박감을 주는 일이 무엇입니까?

3. 내가 이루어야 할 목적과 목표를 다시금 돌아보고 그 목적과
   목표를 크게 외쳐 보십시오.

4. 압박과 긴장은 목적과 목표 성취를 위한 긍정적인 스트레스
   입니다. 어떤 면에서 그렇다고 생각하십니까?

5. 압박을 긍정적 에너지로 삼았을 때 압박감이 쉽게 지나가는
   것을 느꼈습니까? 그때 나는 어떤 느낌이 들었습니까?

6. 압박감을 멀리했을 때 실제로 나에게 어떤 일이 일어났습니까?

내 안의 잠재 능력을 개발하라!

　'성공 본능'을 다른 말로 표현한다면 '내 안의 잠재 능력'이라고 할 수 있습니다.

　즉, '내 안의 잠재 능력 개발'이 곧 성공을 가져오게 되는 것입니다.

　이 세상에 존재하는 모든 것들은 자신 안에 잠재(潛在)되어 있는 자신들만의 능력(能力)을 가지고 태어납니다.

　이 능력이 자신을 보존하고, 자신을 성장하게 하고, 자신의 발전을 위한 도구가 되는 것입니다.

　이 같은 능력은 이 세상에 존재하는 모든 생명들이 본질적(本質的)으로 가지고 태어나는 것입니다.

　예를 들어 보겠습니다.

　　거북이는 아주 느리기 때문에 딱딱한 등껍질로 자기 자신을 보존(保存)하고, 방어(防禦)하며 살아갑니다.

　　사슴과 노루는 뿔을 통해서 자기를 보존하고, 방어하며 살아갑니다.

　　사자나 호랑이는 날카로운 이빨을 가지고 자기를 보존하고, 방어하며 살아갑니다.

　　곤충이나 해저의 물고기들도 자기 보존과 방어, 성장 발전에 필요한 것들을 가지고 있습니다.

마찬가지로 우리 인간도 자기 보존과 방어와 성장 발전의 능력을 가지고 있습니다.

인간에게 있어서는 이 능력의 차원이 높기 때문에 성경은 이것을 '신의 형상', 즉 '이마고 데이'(Image Dei)라고 합니다.

여기서 '신의 형상'이란 '인간 속에 무한히 내재되어 있는 창조적 능력'을 말합니다.

그러나 대다수의 사람들은 잠재된 창조적 능력을 부인하고 자신의 능력을 비좁고 어두운 동굴 안에 가두어 버립니다.

이것이 바로 '실패의 첫 번째 원인'이 되는 것입니다.

여러분은 지그 지글러 박사(Dr. Zig Ziglar)의 '벼룩과 메기법칙'을 아십니까?

지글러 박사는 '인간의 선입관적 고정 관념이 인간의 능력을 얼마나 제한하는가?'를 실험하기 위해 벼룩을 연구 대상물로 선택했습니다.

그는 벼룩이 가지고 있는 실제적 능력을 측정해 본 결과 자기의 키 300배, 즉 방바닥에서 천장까지 약 3m를 높이 뛸 수 있는 능력을 가지고 있음을 발견했습니다.

이에 지글러 박사는 벼룩이 가지고 있는 능력을 제한시키기 위해 30cm 되는 유리병을 준비했습니다.

그 유리병 속에 벼룩 여러 마리를 잡아넣고 자극을 주었습니다.

이에 벼룩들은 놀라서 계속 뛰기 시작했습니다.

이 벼룩들이 10,000번 이상을 뛰도록 계속 자극을 주었지만 벼룩들은 아무리 뛰려고 애를 써도 병뚜껑 이상의 높이로는 뛸 수 없었습니다.

지글러 박사는 벼룩에게 능력을 제한하는 '고정 관념'의 훈련을 시킨 것입니다.

벼룩으로 하여금 '나는 뛰어 보았자 병뚜껑까지이다', '나는 죽도록 아무리 힘을 다해 뛰어도 30cm 이상은 뛰지 못한다'는 '고정 관념'을 갖도록 훈련시킨 것입니다.

마침내 벼룩은 '나는 30cm 이상은 뛸 수 없다'는 '고정 관념'에 사로잡혔습니다.

이에 지글러 박사는 벼룩을 방바닥에 쏟아 자유를 주었습니다.

그런데 그 벼룩은 하루, 이틀, 사흘이 지나도 여전히 계속 30cm 높이까지만 팔딱 팔딱 뛰다가 마는 것입니다.

여기에서 지글러 박사는 '나는 여기까지밖에는 할 수 없다'라는 자기 스스로의 고정 관념의 칩을 인간 속에 주입시키는 것이 가장 무서운 '실패의 원인'이 된다는 것을 발견하게 되었습니다.

즉, 인간이 성공하려면 '자기의 능력을 제한하고 있는 고정 관념의 틀을 뛰어 넘어야 한다'는 것입니다.

지글러 박사는 많은 사람들이 큰 성공을 할 수 있음에도 불구하고 '나는 능력이 부족하다, 나는 가진 것이 없다, 나는 학력이 낮다, 그러므로 나는 할 수 없다'고 하는 고정 관념에 사로 잡혀 있다고 강력하게 주장하였습니다.

따라서 그 누구도 인간의 이 같은 무한대(無限大)의 능력을 풀어놓지 않는 한, 성공은 요원(遙遠)한 일이 될 것입니다.

지글러 박사는 많은 사람들에게 이 원리에 대한 보다 더 확실한 증거(證據)를 제시하기 위해서 또 하나의 실증을 위한 연구를 시작하였습니다.

이번에는 '메기'에게 이 법칙을 적용해서 실험했습니다.

'메기'는 '금붕어'를 잡아먹는 데 대한 아주 뛰어난 기능을 가지고 있어서 금붕어와 메기를 같은 어항에 넣어두면 메기가 금붕어를 다 잡아먹어 버립니다.

여기서 지글러 박사는 메기에게 금붕어를 잡아먹지 못하도록 '능력을 제한하는 훈련'을 시도했습니다.

먼저 유리관을 길게 만들어서 유리로 칸막이를 막아 메기와 금붕어를 분리시킨 뒤 한쪽에는 메기, 다른 한쪽에는 금붕어를 사육했습니다.

금붕어에게는 먹이를 충분히 공급해 주어 금붕어들이 평화롭고 유유히 자유스럽게 놀도록 하였고, 메기에게는 먹이를 조금씩 주어 굶주리고 화나게 만들었습니다.

이에 굶주린 메기는 금붕어를 잡아먹기 위해 있는 속력을 다해 금붕어 쪽으로 질주하다가 그만 칸막이 유리에 주둥이가 심하게 부딪혀 몹시 아픔을 느끼게 되었습니다.

허기진 메기는 하루에도 수 백 번씩 금붕어를 잡아먹기 위해 이러한 행동을 반복하였습니다.

결국 메기는 '금붕어는 내가 결코 잡아먹을 수 없는 것이다', '금붕어 곁에 왔다가는 주둥이가 박살이 나는 고통이 온다'라는 '고정 관념'에 사로잡히게 된 것입니다.

며칠이 지난 후 지글러 박사는 금붕어와 메기를 같은 어항에 넣어 주었습니다.

메기는 금붕어를 잡아먹을 수 있는 절호의 기회가 제공되었음에도 불구하고, 쏜살같이 달려가다가 금붕어 앞에만 오면 입을 씰룩거리며, 머리를 한 번 휘저으며 고통을 느낀 듯 신음을 한 뒤, 뒤돌아 가곤 하는 것입니다.

지글러 박사는 이 같은 결과를 통하여 '인간의 능력을 제한하는 고정 관념이 자기 능력을 제한하고, 얼마나 자기 발전과 성공에 걸림돌이 되는가?' 하는 것을 발견하였습니다.

지글러 박사의 이 연구 결과는 미국인을 성공의 도가니로 몰아넣는 촉매제(觸媒劑) 역할을 했을 뿐 아니라 세계인들이 성공하고 발전하는 데 큰 영향을 미치게 되었습니다.

즉, 사람들로 하여금 '묶이고 제한된 인간의 능력'을 제한하는 쇠사슬을 풀도록 만들고, 각 분야에서 도전하는 용기 있는 사람들이 되게 함으로써 인간 발전과 각 분야에서 성공한 사람들을 많이 배출하게 된 것입니다.

알버트 아인슈타인 박사(Dr. Albert Einstein)의 말입니다.
  "나는 신이 나에게 주신 능력의 18%를 겨우 사용하고 세상을 떠난다."

이는 우리가 가진 능력을 친구나 타인이나 선생이나 교수나 학교나 환경에 의해 많은 제약을 받고 있음을 말합니다.

이 같은 고정 관념을 통해 아인슈타인 스스로도 자기 능력을 겨우 18%만을 사용하고 세상을 떠난다는 것입니다.

이것은 실로 엄청난 인간의 손실(損失)입니다.

오늘날 많은 사람들이 공부를 한답시고 천부적으로 부여받은 자신의 능력을 제한시키고 있습니다.

이에 저는 분명히 여러분에게 말할 수 있습니다.

'여러분들의 능력은 지금 여러분들이 생각하고 있는 것보다 적어도 100배를 더 가지고 있다'는 것입니다.

이에 성경은 다음과 같이 분명하게 증거합니다.
  "내게 능력 주시는 자 안에서 내가 모든 것을 할 수 있느니라"(빌 4:13)

독자 여러분!
여러분의 능력에 대하여 생각해 보시기 바랍니다.

그리고 "언제부터~

　　　어디에서부터~

　　　누구 때문에~

　　　무엇을~

　　　얼마나~

　　　제한받고 있는가?"를 생각해 보시기 바랍니다.

'왜 그토록 방치하게 되었는가?'를 돌아보시기 바랍니다.

'성공 본능'은 성공을 위해서 반드시 깨닫고 개선되어야 할 문제입니다.

　성공을 위해서는 이 '성공 본능'의 족쇄(足鎖)를 푸는 작업이 시작되어야 주어진 능력을 최대한으로 발휘하여 성공한 사람이 될 수 있는 것입니다.

　모든 인간은 누구나 성공할 수 있도록 창조되었기 때문입니다.

성공을 위한 베이직 트레이닝

❖ 우리가 왜 이 일을 하는지를 깨닫고 즐겁게 하라

이유가 분명하면 의사소통(意思疏通)이 더 잘되고, 문제의 소지를 미리 제거할 수 있습니다.
목적이 명확하면 행동이 빨라지게 됩니다.
목적이 명확하면 일이 원활하게 되어 목표달성이 더 빨라집니다.

중요한 것은 어떤 환경에 처하든지 우리가 하는 그 일에서 즐거움을 찾는 것입니다.
모든 일이 즐거움이 있으면 스트레스가 줄고 에너지가 솟아 나와서 일의 능률과 효과를 극대화시켜줍니다.

삶은 즐거움이 있어야 합니다.
즐거움이 있으면 어려운 일이라도 도전하게 되고, 다른 이에게 더 많이 나눌 수 있다는 것을 깨닫게 될 것입니다.

❖ 베이직 트레이닝

1. 우리는 우리가 하는 일과 처한 상황에서 '왜?'라는 질문과 즐거움을 만들 수 있는 일이 무엇입니까?

   1) 가정에서
   2) 직장에서
   3) 공동체에서

2. 의도적으로 '왜?'라는 질문에 대답할 시간과 장소를 만들고, 먼저 재미를 만들기 위해서 할 수 있는 일은 무엇입니까?

3. '왜'를 설명한 결과가 어떠했으며, 이유와 목적을 설명함으로 당신이 경험한 것은 무엇입니까?

4. 재미를 만들기 위해 노력했을 때 당신은 어떤 새로운 것을 경험했습니까?

성공이란 무엇인가?

'성공'에 대한 지금까지의 보편적 개념은 '부·귀·공·명·장수'를 이루어내는 것입니다.

그런데 다른 차원에서 '성공'을 본다면 '정신적인 측면에서의 성공'과 '물질적인 측면에서의 성공'을 생각할 수도 있습니다.

또한 종교적인 측면에서는 '보이는 세계에서의 형이하학적(形而下學的)인 성공'과 '보이지 않는 영원 세계에서의 형이상학적(形而上學的)인 성공'이 있습니다.

그래서 '현세적 실패가 영원적 성공'이라고 말하기도 합니다.

이처럼 '성공'을 다양한 관점(觀點)에서 살펴볼 수 있습니다.

물질을 많이 소유했다고 해서 성공한 것이 아닙니다.

왜냐하면 가난하고 궁핍해도 청빈(淸貧)하게 산 사람이 성공하게 될 수도 있기 때문입니다.

지위(地位)가 높은 왕이 되었다고 성공한 것도 아닙니다.

지위가 높지 않더라도 국민과 인류에게 추앙(推仰)을 받는 지도자로 성공할 수도 있기 때문입니다.

현실에서의 성공이 영원(永遠)한 실패가 될 수 있습니다.

현세에서의 실패가 영원한 성공이 될 수도 있습니다.

이는 가치관(價値觀)에 따라 성공의 척도(尺度)가 달라집니다.

삶의 가치관에 따라 성공은 달라질 수 있습니다.

종교적 신앙에 따라 성공은 달라질 수 있습니다.

사회적 인식에 따라 성공은 달라질 수 있습니다.

철학적 사변에 따라 성공은 달라질 수 있습니다.

이에 '성공'의 정의를 내린다는 것은 매우 어려운 것입니다.

겉으로 보기에는 화려하게 성공한 것 같아 보이지만 속의 양심(良心)은 썩어서 냄새나는 사람이 있듯이, 겉보기에는 실패자 같아 보여도 그 속에 주옥(珠玉)같이 빛나는 진주(眞珠)와도 같은 양심을 간직한 자도 있기 때문입니다.

성경에서 보면 세상에서 성공했다는 부자는 지옥에 가고, 세상에서 실패했다는 거지는 천국에 간 기록이 있습니다.

결국 '최후의 승리자가 진정한 성공자'인 것입니다.

인간이 결코 종교적인 성공 여부를 판단할 수는 없습니다.

현세에서는 그 누구도 불가능합니다.

다만 죽은 후에 심판주 되시는 하나님만이 하실 수 있습니다.

그러므로 성공에 대한 정의를 내린다고 하는 것은 매우 어려운 것입니다.

그래서 인류 역사에서 '성공학'이라는 학문이 하나의 '학'(學)으로서 자리매김을 하지 못했는지도 모릅니다.

이에 본서에서는 성공에 대한 정의를 인간 세계에서 보편적으로 인식된 성공의 개념에서 도출된 '부·귀·공·명·장수'라는 것으로 집약(集約)하게 된 것입니다.

인류에서 가장 성공했다는 지혜의 왕 솔로몬의 지혜서인 잠언서에도 '지혜가 제일 귀하고 값진 것인데, 이 지혜에는 부귀, 공명, 장수가 있다'고 기록되었습니다.

"지혜를 얻은 자와 명철을 얻은 자는 복이 있나니 … 그의 오른손에는 장수가 있고 그의 왼손에는 부귀가 있나니 그 길은 즐거운 길이요 그의 지름길은 다 평강이니라"(잠 3:13-17)

"부귀가 내게 있고 장구한 재물과 공의도 그러하니라"(잠 8:18)

이것을 동양에서는 '오복'(五福)이라 칭하고, 서양에서는 삶에 있어서 '성공'으로 지칭하고 있습니다.

그러므로 동양에서의 '복의 개념'은 서양에서의 '성공의 개념'과 같은 것입니다.

그렇다면 보편적 개념에서의 성공은 무엇입니까?

첫째는 '부'(富)입니다.
'부'(富)는 경제적 풍요를 누리며 많은 사람에게 윤택한 삶을 제공해주는 자로서, 경제 발전에 공헌한 자를 말합니다.

둘째는 '귀'(貴)입니다.
'귀'(貴)는 생각과 심성이 본성적으로 착하고, 최고의 아름다운 성품을 소유한 자로서, 모든 사람들의 삶에 모범이 되는 자를 가리킵니다.

셋째는 '공'(公)입니다.
'공'(公)은 정의롭고 정직한 자로 사적인 것을 멀리하고, 공적인 것을 탐하며, 모든 사람을 공평하게 다스리는 능력을 가진 자를 말합니다.

넷째는 '명'(明)입니다.
'명'(明)은 모든 이치에 밝고 지혜와 지식이 충만한 자로서, 많은 사람을 진리로 인도하는 현자(賢者)를 가리킵니다.

마지막 다섯째는 '장수'(長壽)입니다.

'장수'(長壽)는 병약하지 않고, 건강한 신체에 활력이 넘쳐나고, 천수(天壽)를 다 누린 자를 말합니다.

그렇다면 이와 같은 '부·귀·공·명·장수'를 일구어 내는 성공을 어떻게 할 수 있을까요?

즉, '성공의 원리가 무엇인가?' 하는 것입니다.

한 사람의 성공자를 만들어 내는 데는 여러 가지 복합적인 요소의 작용이 필요합니다.

　　하늘의 축복도 있어야 하고,

　　부모 복도 있어야 하고,

　　시기를 잘 만나야 하고,

　　지혜와 지식도 필요하고,

　　끊임없이 노력해야 하고,

　　환경적인 요인도 뒷받침되어야 하고,

　　사람도 잘 만나야 하고,

　　성공의 방법도 터득해야 합니다.

이는, '하늘의 것과 땅의 것이 합일(合一)되어야 대(大)성공자가 탄생된다'는 것입니다.

여기서 하늘의 것은 '천복'(天福)이라고 하고, 자기의 것은 '분복'(分福)이라고 합니다.

성공의 복(福)자에 대하여 동양의 사상은 '순천자(順天者)는 흥하고, 역천자(逆天者)는 망하니라'고 했습니다.

'소복(小福)은 근면이요 대복(大福)은 천래(天來)'라고도 했습니다.

즉, '하늘의 뜻에 순종하는 자가 큰 성공자가 되고, 대복은 역시 하늘로부터 오는 것'이라고 설파(說破)한 것입니다.

소크라테스는 '이데아의 세계', 즉 '하늘의 것을 탐하는 자는 선하고 물질의 세계를 탐하는 자는 악하다'고 해서 '물악론'(物惡論)을 중심으로 '하늘의 뜻을 따르는 자가 큰 성공자'라고 설파했습니다.

성경은 '땅에서 매면 하늘에서도 매이고, 땅에서 풀면 하늘에서도 풀어진다'고 말함으로써 '땅과 하늘은 영원히 연결된다'는 성공의 영원성(永遠性)을 설파하였습니다.

이처럼 성공에는 세 가지 유형이 있음을 보게 됩니다.

하늘의 뜻을 잘 아는 자가 성공하고,

인간의 뜻을 잘 아는 자가 성공하며,

자연의 뜻을 잘 아는 자가 성공한다는 것입니다.

여기서 '하늘의 뜻을 찾아낸 사람들'은 종교적 성직자(聖職者)들로서 '인간 구원 계획'을 찾아낸 사람들입니다.

'인간의 뜻을 찾아낸 사람들'은 도덕군자(道德君子)들로서 '인간 삶의 질서인 도덕적·윤리적인 것'을 찾아낸 사람들입니다.

'자연에 감춰진 원리들을 찾아낸 사람들'은 과학자로서 성공한 사람들이 된 것입니다.

그렇다면 여기서 '성공의 뜻'과 '성공의 원리'란 무엇을 의미하는 것일까요?

이는 '법칙'(法則)을 말합니다.

즉, 성공을 위한 하나님의 법칙이 있고, 인간의 법칙이 있으며, 자연의 법칙이 있다는 것입니다.

이 같은 하나님의 법칙은 '인간·생명·구원'입니다.

인간의 법칙은 '윤리·도덕·질서'입니다.

자연의 법칙은 '자연·과학·철학'입니다.

이러한 법칙은 하늘의 뜻, 인간의 뜻, 자연의 원리로 통칭(通稱)되고 있으므로 성공한 사람들 중에는

　'종교적 = 인간·생명·구원'에 성공자가 있고,

　'인간적 = 윤리·도덕·질서'에 성공자가 있으며,

　'자연적 = 과학·철학·만유법칙'의 발견에 성공자가 있습니다.

여기서 우리는 성공의 세 분야를 발견하게 됩니다.
이것을 다시 현대적 감각으로 표현한다면

　첫째는 물질적인 성공이요,

　둘째는 명예적인 성공이며,

　셋째는 종교적인 성공으로 함축(含蓄)시킬 수 있습니다.

물질적인 것을 '부'라고 한다면,
명예적인 것을 '귀'라고 하며,
종교적인 것을 '공명', 즉 '진리'라고 할 수 있습니다.
'장수'라는 것은 육체의 건강함으로 오래 사는 것과 영혼의 건전함으로 영생하는 것을 포함한 것을 의미하고 있습니다.

성경은 이 세 분야의 대표적 성공자의 '지위'를 표현할 때 첫째는 왕, 둘째는 선지자, 셋째는 제사장으로 표현하고 있습니다.
　예수 그리스도를 가리켜 '왕 중의 왕, 대 선지자, 대 제사장의 존귀한 직임을 가졌다'고 기록하고 있는 것입니다.

세계에는 직업이 약 150,000 종류가 된다고 합니다.
150,000 가지의 분야 중에 반드시 1인자는 있습니다.
우리나라에도 직업이 15,000 종류가 있다고 합니다.
15,000 분야에서도 1인자는 있기 마련입니다.

우리는 이들을 '성공자'(성공한 사람)라고 말합니다.

100명 중에 1명의 성공자가 되기 위해서는 99명을 설득할 수 있어야 하고, 99명보다 더 뛰어나야 합니다.

1,000명 중에 1명의 성공자가 되려면 999명을 설득할 수 있어야 하고, 999명보다 더 뛰어나야 합니다.

10,000명 중에 1명의 성공자가 되려면 9,999명을 설득할 수 있어야 되고, 9,999명보다 더 뛰어나야 합니다.

성공자를 우습게 보는 사람은 결코 성공할 수 없습니다.

왜냐하면 성공자들은 무엇인가에 뛰어난 능력과 재능을 발휘함으로 인(因)하여 성공을 거두게 되는 것이기 때문입니다.

성공 뒤에는 반드시 피나는 '노력'과 남이 알지 못하는 '땀'이 있어야 하고, 기꺼이 '대가'를 지불해야 하는 것입니다.

이제까지 우리는 성공이란 구체적으로 무엇이며, 어떤 분야가 있는가에 대해 생각해보았습니다.

성공의 개념(槪念)에 대하여 동양에서는 '복'(福)이라 말하고, 서양에서는 '성공'(success)이라 말합니다.

'복'과 '성공'은 같은 맥락(脈絡)이라는 것입니다.

또한 인간의 큰 성공 즉, 대망(大望)은 하늘의 축복과 땅의 축복이 합일(合一)되어야 한다는 인류의 대 스승들의 가르침도 알게 되었고, 성공에는 반드시 그 대가(代價)를 지불해야 한다는 것도 알게 되었습니다.

바로 여기에서 우리는 '왜 성공을 공부해야 하는가?'에 대한 당위성(當爲性)을 발견하게 됩니다.

인간은 배우고, 아는 것만큼 인간이 될 수 있습니다.

성공도 공부해야 성공의 지름길로 걸어 갈 수 있는 것입니다.

성공을 위한 베이직 트레이닝

❖ 반응하지 말고 주도하라

'시간의 병'(Time-Sickness)에 대해 아십니까?
'시간의 병'이란 '시간이 달아나는 것 같은 기분으로 시간이 충분
치 않다는 생각에 계속 가속 페달을 밟는 현상'이라고 합니다.
통계에 직장인 10명 중 8명이 이 증상에 시달리고 있답니다.
항상 시간에 쫓기는 삶을 살고 있다는 것입니다.
다음은 이러한 시간을 완화하는 방법입니다.

　　시간 계획보다 인생 계획을 세우라.
　　시간에 얽매이지 말고 시간을 잘 활용하라.

내 인생을 통해 성취해야 할 것이 무엇인지를 냉철하게 살펴보
는 것입니다.
우리가 조바심을 내며 서두르는 것은 일종의 중독 증세입니다.
천천히 한다 해도 우리 삶에는 크게 지장이 없습니다.
때로는 천천히 하는 것이 조금은 시간이 지체되어도 더 나은 결
과를 가져 올 때가 많습니다.

　　시간에 쫓기는 삶을 살고 있습니까?
　　시간을 다스리는 삶을 살고 있습니까?

시간을 지배할 줄 아는 사람이 인생을 지배할 줄 압니다.
시간은 매일 누구에게나 공짜로 주어지지만 돈으로 환산할 수
없을 만큼 값진 것입니다.
우리는 최선을 다해 주어진 시간을 사용해야 합니다.
여러분은 여러분의 삶을 주도적으로 살고 있습니까?

❖ 베이직 트레이닝

1. 주도적으로 산다는 것은 자신의 생각대로만 사는 것입니까?
   혹은 자기 관리를 하는 것입니까?
2. 내가 주도적으로 일해야 하는 영역은 무엇입니까?
3. 나의 주도성이 좋은 결과로 나타나기 위해 나는 스스로를 어
   떻게 관리해야 하겠습니까?
4. 내가 주도적으로 생각한다면 나의 삶이 다른 사람들에 비해
   서 어떻게 달라질 수 있을까요?
5. 나는 내가 계획한 일주일의 계획을 실천하였습니까?

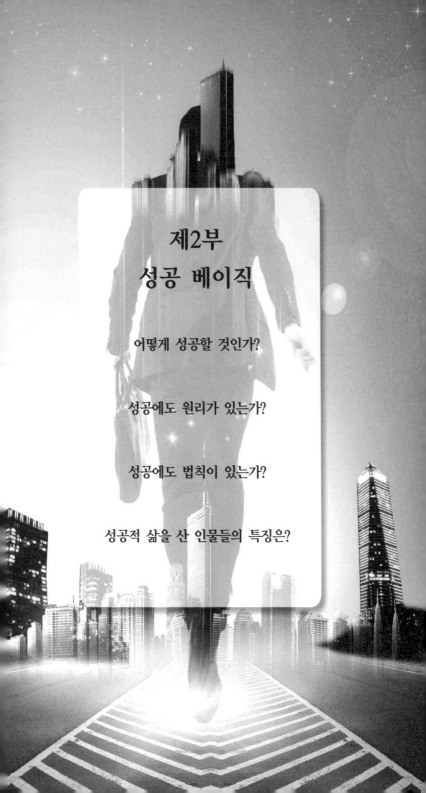

제2부
성공 베이직

어떻게 성공할 것인가?

성공에도 원리가 있는가?

성공에도 법칙이 있는가?

성공적 삶을 산 인물들의 특징은?

어떻게 성공할 것인가?

우리는 부자가 되고, 삶의 아름다운 모범자(模範者)가 되고, 공평하게 다스리는 지도자가 되고, 진리의 현자가 되고, 건강하게 천수(天壽)를 누리는 사람을 '성공한 사람'이라 말합니다.

성경은 이를 '복 있는 사람'이라고 말합니다.

이런 사람들의 생활신조는 악인의 꾀를 따르지 아니하고,
죄인의 길에 서지 아니하며,
오만한 자의 자리에 앉지 아니하고,
오직 복의 근원이신 하나님을 섬기며,
그의 말씀을 주야로 묵상하는 사람입니다.
이것이 '오복(五福)을 받는 비결'입니다.

우리가 이러한 삶을 살기로 작정(作定)하고 실천(實踐)한다면 '오복자'(五福者)로 살아갈 수 있습니다.

'복'(福)은 각자 심은 대로 거두게 되며, 행한 대로 갚아 주는 '천지(天地)의 원리'인 것입니다.

여기서 우리는 한 가지 의문을 갖게 됩니다.
즉, '성공에도 방법이 있느냐?' 하는 것입니다.

그렇습니다.
성공에도 방법이 있습니다.

'실패는 성공의 어머니'라는 말에 한 번쯤 위로와 격려를 받아보지 않은 사람은 없을 것입니다.

승승장구(乘勝長驅)하며 성공 가도만을 달리는 인생이야말로 모든 이들이 선망(羨望)하는 삶일 것입니다.

그렇지만 우리 인생은 때로 예기치 못한 실패를 당합니다. 누구나 감당하기 힘든 어려움에 직면할 때가 있습니다.

우리는 이러한 실패와 좌절 속에서 상한 갈대처럼 또는 꺼져 가는 심지처럼 용기(勇氣)를 잃게 됩니다.

그러나 성경은 꺾지 않으시는 하나님! 끄지 않으시는 사랑의 하나님을 통해서 우리에게 성공을 약속해 주고 계십니다.

그렇다면 성공의 삶은 어떻게 얻어질 수 있는 것일까요?

부자(富者)의 삶은 결코 혼자서 이룰 수 있는 것이 아니라 '하늘의 축복과 부모의 협조와 적절한 시기와 지혜와 지식 위의 노력'에 의해서 결실을 맺게 되는 것입니다.

'대복(大福)은 천복(天福)이요, 소복(小福)은 근면(勤勉)이다'라는 말은 '작은 부자는 부지런하고 절약하면 될 수 있지만, 큰 부자는 하늘이 내는 것'이라는 의미입니다.

서양에서는 '복 있는 사람'을 '하늘의 사람'으로 지칭합니다.

수 천 년의 인간 역사에서 찾아보면 성경 역사의 인물들로 노아 · 욥 · 아브라함 · 솔로몬과 같은 사람들인데, 이들은 대부분 큰 '부'(富)를 누렸으며, 하늘을 잘 섬긴 자들이었습니다.

동양에서는 '순천자(順天者)는 흥하고, 역천자(逆天者)는 망한다'라고 하였습니다.

이로써 동 · 서양이 같은 맥락에서 '복 있는 사람'에 대해 말하고 있습니다.

이 외에도 근대 역사에서 존 록펠러(John Davison Rockefeller) · 토머스 칼라일(Thomas Carlyle) · 로스차일드(Lionel Nathan Rothschild) 등과 같은 세계 최고의 부호들은 매사를 하늘의 기운을 따라 처리했던 사람들임을 우리는 잘 알고 있습니다.

여러분은 "천재는 1%의 영감과 99%의 땀으로 된다."는 토머스 에디슨(Thomas Edison)의 말을 어떻게 이해하십니까?

저는 '1%의 영감이 99%의 땀보다 더 크고 앞선 것'이라는 의미로 해석하고 싶습니다.

'진인사후대천명'(賑人事後代天命) 즉, '최선을 다하고 난 후 하늘의 뜻을 기다린다'는 말도 이런 의미일 것입니다.

공자(孔子)는 왕을 '천자'(天子), 즉 '하늘의 아들'이라고 했고, 성경에는 고대 장군의 수장인 '네피림'의 자손들을 '신자'(神子)라고 했으며, 로마시대에 왕은 곧 '신'(神)이다'라고 하였습니다.

이는 성공자들은 모두가 하늘을 몹시 갈망했던 자들이며, 경천자(敬天者)들이며, 하늘과 관계있는 사람들로서 지상(地上)의 것보다는 천상(天上)의 것을 더욱 존귀하게 생각하는 성품을 가진 자들임을 의미하고 있는 말입니다.

성공자들은 하늘의 지혜(묵상으로 내리는 깊은 영감)와 땅의 지식(연구와 노력으로 얻어지는)을 결합시킨 결과(해답)를 주저하지 않고 실천에 옮기는 용감한 자들입니다.

온갖 부귀와 공명을 함께 누렸던 솔로몬 왕도 "지혜 속에 부 · 귀 · 공 · 명 · 장수의 복이 들어 있다."고 했습니다.

이처럼 성공자는 '성공을 위해서 애쓰는 자신에게 하늘이 요구하는 사항이 무엇인가?'를 예리(銳利)하게 파악(把握)하여 대처하는 사람들임을 잘 알 수 있습니다.

왜냐하면 성공은 사람의 노력도 필요하지만 하늘의 지혜가 필요한 것이기 때문입니다.

솔로몬 왕은 성공을 위해 '일 천 번제'를 드렸습니다.

그러므로 옛 사람들이나 오늘의 현대인들은 이른 아침에 하늘을 향해 하루에 한 번씩 '나를 성공자로 만드소서!'라고 기도할 필요가 있습니다.

이 때 가장 필요한 것을 한마디로 간절하게 구하십시오.

이런 사람은 하늘의 지혜를 영감(靈感)으로 받아 반드시 성공하게 될 것입니다.

이제 여러분은 오늘부터 아침 일찍 시간을 정해 놓고 기도와 묵상과 훈련을 반복해 보시기 바랍니다.

그렇게 1,000일 동안을 중단하지 말고 실천해 보십시오!

지혜와 영감을 얻고 있는 자신을 발견하게 될 것입니다.

왜냐하면 성공한 사람들은 지혜와 영감을 얻기 위해서 남몰래 일 천 번 이상을 간구했던 자들이기 때문입니다.

독자 여러분!

오늘부터 실천하십시오!

머지않아 성공자의 삶을 살게 될 것입니다.

'민심은 천심'이라 하였으니, 하늘의 뜻을 따르지 않는 사람이 성공하는 예는 역사에 없었기 때문입니다.

그렇다면 성공의 지혜는 어떻게 얻어지는 것일까요?

사람은 누구나 자신의 삶에 좋은 결과가 나타나기를 기대하고, 또한 자신의 사업과 학업, 자신이 계획하고 추진하는 모든 일이 기대한 바대로 이루어지기를 원합니다.

더 나아가 축복 받은 노년기를 바라며 죽음 너머 내세(來世)에서도 지옥이 아닌 천국에 들어가는 삶을 살기 원합니다.

축복과 승리와 성공적인 삶의 열매를 바라는 마음은 누구에게나 있는 보편적인 신념(信念)입니다.

우리는 그저 막연한 소망과 기대를 지니고 살아가는 존재가 아니라, 축복과 승리와 성공을 확약(確約)받은 선택된 존재들인 것입니다.

그렇다면 성공자들이 지혜를 얻은 방법은 무엇일까요?

지혜는 '하늘에 속한 것'이라고 하는 확고한 신념입니다.

인간이 스스로 만든 것은 '꾀'입니다.

이 '꾀'는 자칫 '술수(術數)로 변모될 수도 있습니다.

이 방법으로 성공하려는 자는 번번이 실패자가 될 것입니다.

지혜는 자기의 정신세계 속에서 만들어지는 것이 아닙니다.

지혜는 어느 날, 어떤 한 순간, 그렇게 스쳐 지나가는 빛과 같은 것입니다.

지혜는 '아이디어'(idea)를 가져다주는 본질적인 것으로 '하늘의 영감'이라는 것입니다.

사람들은 정신적(영적) 존재이기 때문에 사람에게는 반드시 영감이 있기 마련이며, 영감이 발달된 사람이 있고, 둔한 사람도 있습니다.

이 영감은 깊은 묵상(默想)에서 오는 것이며,

이 영감에 민감하게 반응하고,

이 영감을 포착(捕捉)하는 자가 반드시 성공하게 됩니다.

한 가지 일에 일천 번(많은)의 정성을 쏟으면 영감을 느끼기 마련입니다.

저는 이 영감을 '지혜'라고 합니다.

지혜와 영감은 99%의 땀에서 오는 것이기에 값진 것입니다.

성공한 사람들은 모두 이 영감의 사람들입니다.

그렇다면 지식(知識)은 어떻게 얻어지는 것일까요?

우리는 일반적으로 지식을 얻는 곳이 '학교'라고 생각합니다.
그렇지만, 현대 학교는 '정보(情報)를 주는 곳'이지 '지식(知識)을 주는 곳'은 아닙니다.
대다수의 선생님들과 대다수의 학생들이 정보(情報)를 지식으로 착각하고 있습니다.

'지식'(知識)은 히브리어 '야다'(ㄲㄲ:알다)라는 단어로 표현합니다.
이는 '한 사람이 그 삶의 현장에서 얻은 이치(理致)'입니다.
우리가 학교에서 배우고 외워서 기억(記憶) 속에 담는 것, 책 속에서 이론으로 얻은 것, 실험과 실습으로 얻은 것 등은 성공한 사람들이 연구하거나 그들의 체험으로 얻어진 것을 후학들이 이론으로 가르침을 받게 되는 것으로서 이것은 그들의 삶과 연구에 대한 '정보'에 지나지 않는 것입니다.

미개발국가의 교육일수록 '지식'과 '정보'를 혼동(混同)하여 동일시하지만, 정보와 지식은 엄연히 다른 것입니다.
정보는 '성공한 사람들은 그렇게 살았다'는 것을 말합니다.
즉, '아브라함은 믿음으로 살았다'는 것을 배운 신학생이나 '록펠러가 노력으로 성공했다'는 것을 알고 있는 경영학도에게는 아직 실천에 옮겨 보지 못한 '이론적 앎'일 뿐이고, 그들의 머릿속에 '정보'로만 담겨 있습니다.

우리는 세계 100대 재벌 가운데 세계적인 톱 대학 출신이 거의 없다는 것과 대부분 나라의 100대 재벌 중에는 우등생이 별로 없다는 사실을 잘 알고 있습니다.
이는 '지식'이라는 것은 결코 일류대학에서 많은 정보를 얻어서 외우고, 기억하고, 시험도 잘 보고, A학점을 받고, 말을 잘하는 것과는 하등(何等)의 관계가 없음을 의미합니다.

학교에서의 공부는 순수한 정보로서 가치가 있는 것이고, 진정한 지식은 삶의 현장에서(Learning by Doing) 얻어지고, 배워지고, 체득되어지는 것, 한마디로 '지식이란 자기 것으로 체득화(體得化)되어 있는 것'을 뜻합니다.

그러므로 정보만 가지고는 성공하기가 어렵지만, 지식을 가진 자는 반드시 성공하게 되는 것입니다.

그렇다면 성공은 어떻게 이루어지는 것일까요?

어떤 사람은 일류대학을 수석으로 졸업하여 '정보'는 많이 확보하고 있으나 성공하지 못한 사람이 있습니다.

반대로 초등학교(최소의 정보) 졸업이라는 초라한 학력의 소유자이지만 현장에서 체험하고 체득된 '지식'을 가지고 대성(大成)하는 사람을 우리는 주위에서 흔히 볼 수 있습니다.

이런 의미에서 '학벌의 시대는 가고, 실력의 시대가 온다'는 이 시대의 신조어는 일류학교의 문턱을 무너뜨리는 괴력(怪力)을 가진 언어입니다.

실제로 일류대학을 졸업하고 기술대학 기술 연수과 신입생으로 입학하기 위한 경쟁률이 15:1이었다는 신문기사도 읽은 기억이 있습니다.

다음은 미국에서 실제로 있었던 이야기입니다.

미국의 한 변호사 집 하수구가 막혀서 일꾼을 불렀습니다.

10여 일이 지난 후에 하수구 뚫는 사람이 왔습니다.

하수구 뚫는 사람이 10시간을 일하고, 1시간에 100불씩 계산하여 1,000불과 성공적으로 물이 잘 빠져나가니 성공 사례비로 500불을 더하여 1,500불을 청구하였습니다.

이에 깜짝 놀란 변호사는 "나는 변호사라도 한 시간에 100불을 받는데 하수구 뚫는 사람이 100불이라니 너무하지 않습니까?" 하고 항변하였습니다.

그러자 하수구 뚫는 사람이 변호사에게 말했습니다.

"나도 2년 전에는 변호사였는데 지금은 관통사입니다. 그리고 지금은 수주(受注)한 곳이 100가정이나 되어서 당신 집에 오는 데 10일이나 걸린 것입니다."

일감이 없이 하루하루를 보내던 이 변호사는 하수구 뚫는 사나이로 취직을 하게 되었습니다.

얼마 후 변호사가 하수구 뚫는 사람이 되어 하루에 1,500불을 번다는 기사가 신문에 실렸습니다.

이 이야기는 자본주의 국가의 한 단면을 나타내기도 하지만, 직업에는 '귀천이 없다'는 사상과 일감이 많은 곳으로 사람이 몰린다는 의미와 '학벌과 생업과는 상관이 없다'는 서양의 자본주의적 사고방식을 나타낸 것이라 하겠습니다.

성공은 '폼(Form)으로 얻어지는 것이 아니라, 소득으로 계수한다'는 것을 보여주는 일면이 되기도 하는 것입니다.

오늘 우리 주위에도 이 같은 일은 얼마든지 있습니다.

어떤 사람은 고등학교를 졸업한 후 대학교에서 보내는 4년이라는 시간이 아깝다는 생각에 대학을 포기하고 단돈 100만원으로 벤처기업을 시작해서 백만장자가 되었습니다.

그런가 하면 이 사람의 고등학교 동창생은 4년 후 대학교를 졸업하고, 대학원에서 석사학위까지 받았지만 실업자가 되어 노숙자 합숙소에서 걸식(乞食)하다가 친구 회사에 취직하기 위해 친구에게 부탁하러 왔다는 소식을 접한 일이 있습니다.

이러한 상황은 전 세계적인 현상입니다.

그것은 '대학에서 배우는 정보만을 가지고 반드시 사회에서 성공한다'는 과거의 꿈은 깨진 것입니다.

현장에서 저절로 알게 되고, 체험하게 되고, 체득되어지는 값진 지식으로 성공한 사례는 6,000년 인류 사회에서 바꿀 수 없는 공식인 것입니다.

한 가지 업종에서 10년을 근무하고 연구하게 되면 대학교 졸업생보다 3배의 지식을 더 갖고 있다고 볼 수 있습니다.
그래서 미국의 대학원들은 10년 이상을 한 곳에서 일한 사람에게 그 계열학과에 무조건 입학 자격을 주기도 합니다.

그렇다고 '정보'를 무시하는 것은 결코 아닙니다.
지식으로 체득되어 있지 않은 정보만 가지고는 결코 성공할 수 없다는 것입니다.
따라서 일류학교를 졸업했다고 해서 자만(自慢)하지 말고, 삼류학교를 졸업했다고 좌절하지 말아야 합니다.
정보를 조금 더 많이 가진 사람과 조금 덜 가진 사람과는 백지 한 장(0.1%)의 차이가 있을 뿐이지만, 지식을 가진 자와 정보만을 가진 자와는 천지간(天地間)의 차이가 나는 것입니다.

성공은 정보에 지식을 더하는 공식에서 이루어집니다.
따라서 지식은 반드시 현장에서 얻어지는 것이라는 사실을 잊어서는 안 될 것입니다.

독자 여러분!
현장이 가장 위대한 일류대학원임을 알고 있습니까?
그렇다면 공부하듯이 일(연구)하십시오.
그러면 반드시 성공할 것입니다.

이제 '성공이란 무엇인가?'에 대하여 정리해 봅시다.
여러분은 어떤 것이 '성공의 길'이라고 생각하십니까?

- 훈련(訓鍊)입니까?
- 근면(勤勉)입니까?
- 아이디어(idea)입니까?
- 프로젝트(project)입니까?
- 결단(決斷)과 판단(判斷)입니까?

- 인간관계(人間關係)입니까?
- 배경(背景)입니까?
- 학력(學歷)과 정보(情報)입니까?
- 실천적 행동(實踐的 行動)＝(지식;知識)입니까?
- 운(運)과 적절한 시기(時機)입니까?
- 사랑과 희망(希望)입니까?
- 믿음과 용기(勇氣)입니까?
- 하늘의 지혜(智慧)＝(영감;靈感)입니까?

우리 옛말에 '백문이불여일견(百聞而不如一見)이요, 백견이불여일행(百見而不如一行)'이라고 했습니다.
성공은 행함에서 태어나기 때문입니다.

이에 성경은 '행함이 없는 믿음(신념)은 그 자체가 죽은 것'이라고 증거합니다.
성공은 '훈련을 통하여 열매 맺게 된다'는 것입니다.

성공을 위한 베이직 트레이닝

❖ 시간 관리를 위해 철저히 훈련하라

성경은 시간 관리에 대하여 다음과 같이 말합니다.
"세월을 아끼라 때가 악하니라"(엡 5:16)
"외인에게 대해서는 지혜로 행하여 세월을 아끼라"(골 4:5)

성공하는 사람은 시간 관리를 잘하는 사람입니다.
중요한 일을 가장 먼저 행하고, 해야 할 일과 하지 않아야 할 일, 그리고 자신의 책임을 구별할 줄 아는 사람들입니다.
시간 관리를 잘하면 좀 더 빠른 시간 안에 목표를 성취할 수 있습니다.
시간 관리를 잘하면 건강하고 자신감 있게 살 수 있습니다.

❖ 베이직 트레이닝

1. 시간 관리와 성공과는 어떤 관련이 있습니까?
2. 중요한 일을 우선적으로 처리한 후 어떤 느낌이 들었습니까?
3. 시간 관리를 위해 내가 하는 일들과 책임 중 가장 중요한 것을 각 영역에서 각각 적어 보십시오.
   1) 가정에서
   2) 직장에서
   3) 소그룹에서

4. 그 중에서 가장 중요하다고 생각되는 일들을 선별하십시오.
5. 이 일들을 완수할 하루의 목표치를 정하십시오.
6. 아침에 잠자리에서 일어난 후 또는 하루 일과를 시작할 때 가장 중요한 것 두 가지부터 실천하는 훈련을 하십시오.

성공에도 원리가 있는가?

오래된 이야기이지만 올림픽에서 우리나라는 비인기종목인 여자 핸드볼에서 기대 이상의 좋은 성적을 거두었습니다.

이에 많은 매스컴들이 여자 핸드볼 선수들과의 열띤 취재 경쟁을 벌이기도 했는데, 그때 태릉선수촌 관계자와의 인터 뷰에서 놀랄만한 이야기를 들은 적이 있습니다.

그것은 여자 핸드볼 선수들이 고강도의 운동기구들을 통한 훈련을 했기 때문에 웬만한 남자 선수보다 더 강한 근력(筋力)을 갖고 있다는 내용이었습니다.

그들은 비인기 종목의 설움을 딛기 위해 강도 높은 훈련을 통해서 온몸을 단련(鍛鍊)시킨 결과 올림픽에서 놀라운 성적을 거둘 수 있었던 것입니다.

훈련을 통한 단련은 운동선수에게만 해당되는 것은 아닙니다. 성공한 모든 사람들에게도 동일하게 적용되는 것입니다.

이에 우리는 성공을 위하여 '교육'(敎育)과 '훈련'(訓鍊)을 혼동 해서는 안 됩니다.

'교육과 훈련'이라는 단어는 바르게 해석되어야 합니다.

'교육과 훈련'은 가르치는 자와 배우는 자의 '관계적 행위' 인데, '가르치는 자'는 정보(교육)를 제공해 주고, '배우는 자'는 그 정보로 훈련을 받는 것입니다.

제공된 '정보'가 아무리 가치 있는 것이라 할지라도 이것이 '지식화 훈련'의 과정을 거치지 않는 한 쓸모가 없을 것이며, '정보의 가치'가 훌륭하다고 할지라도 성공에 유익(有益)을 가져다주지 못한다면 '사장'(死藏)된 것에 불과한 것입니다.

그런데 오늘날 우리 학교 교육이 바로 이 '교육'(정보)이라는 데서 맴돌고 있다는 사실입니다.

성경에 보면 우리 인류의 구세주이시며 대 스승이신 예수 그리스도는 '교육'이라는 단어를 사용한 적이 거의 없습니다.

예수님께서는 '훈련'이란 단어를 즐겨 사용하셨습니다.

그럼에도 불구하고 예수 그리스도를 부를 때 당시 사람들은 '랍비'(가르치는 자), 혹은 '선생'이라는 칭호를 사용하였습니다.

예수님께서는 배우는 학생들을 '배우는 자', 곧 '학생'이라고 하지 않고, '제자'라고 불렀습니다.

여기서 '제자'(disciple)란 '훈련'(discipline)이라는 동명사를 명사화시킨 것으로서 '교육을 받는 자'라기보다는 '훈련을 받고 있는 자'라는 뜻이고, '훈련'이란 한 가지의 목적을 위해서 계속 반복하며, 행동을 되풀이하는 것, 한마디로 '훈련은 숙달되게 하는 것과 자기 것이 되게 하는 과정'인 것입니다.

군대에 입대하는 젊은이를 생각해 보십시오,

군 복무를 위해 병영에 입소하면 '신병 교육 훈련'을 받게 되는데, '조교'가 야외 연병장 한 구석에 만들어진 계단좌석에 병사들을 앉게 하면 '교관'이 등장합니다.

'조교'와 '교관'은 그 역할에 있어 '교육'과 '훈련'을 분명하게 구분하고 있습니다.

교관이 먼저 말합니다.

"지금은 교육시간이다. 오늘 제군들에게 가르치고자 하는 교육은 각개전투이다."

그리고 차트 한 장을 지휘봉으로 떠넘긴 후 교관이 말합니다.

"각개전투란 무엇인가? 각개전투란 군인 각자가 시가전, 산악전, 공중전, 해양전에서 전투하는 기술을 말한다. 알겠나?"

이에 병사들은 큰 목소리로 "예!"라고 대답합니다.

이에 교관은 말합니다.

"이것으로 이론 교육을 끝내겠다. 그리고 지금부터 숙달된 조교에 의해 시범을 보여주겠다. 조교 앞으로!"

이어서 조교 한 명이 나와서 '찔러 총'에서부터 전투 코스를 두어 차례 시범을 보여준 후 "지금부터 훈련에 임하겠다."는 교관의 말 한 마디에 의해 3개월 동안 날마다 아침부터 저녁까지 '찔러 총'에서부터 전 코스를 계속 반복합니다.

하루에도 똑같은 것을 20번 이상 반복하게 됩니다.

조금만 잘못하면 30번 반복입니다.

한 사람만 실수해도 40번 반복의 벌칙이 주어집니다.

이처럼 '훈련이란 자기 것 화하는 과정이요, 숙달(熟達)을 위한 계속적인 반복 행동'인 것입니다.

학교 교육은 90% 이론에, 10% 실습으로 진행합니다.

그러나 훈련은 10% 이론에 90% 실습으로 일관됩니다.

바로 여기에 '성공의 원리'가 있는 것입니다.

모든 성공한 사람들은 교육보다는 훈련이 잘되어진 사람들입니다.

그러므로 목적에 대한 이론이 분명하게 서 있다고 판단하면, 반드시 훈련에 들어가야 합니다.

훈련은 이론의 9배를 더하여야 하며, 때로는 30배, 60배, 100배, 1000배를 더해야 합니다.

왜냐하면 교육은 되었지만 훈련이 되지 않은 사람은 결코 성공할 수 없기 때문입니다.

우리는 일류대학을 졸업한 사람들이 삶에서 번번이 낙오자가 되는 이유를 여기에서 찾을 수 있는 것입니다.

그렇다면 '성공의 원리'는 무엇일까요?

성공은 '교육(이론)과 훈련(숙달)'으로 이루어지는 것입니다.

어떤 피아노과 교수가 피아노를 배우고자 하는 학생에게 다음과 같이 말했습니다.

> "피아노를 가장 잘 연주하기 위해서는 손가락 5개를 계란을 살짝 쥔 듯이 하고 건반을 눌러야 합니다. 악보에 꼬리가 없는 것은 길게, 꼬리가 한 개 달린 것은 조금 빠르게, 꼬리가 3개 달린 것은 매우 빠르게 눌러야 합니다."

이 같은 교수의 가르침은 피아노 연주를 잘할 수 있는 방법의 교육은 되겠지만, 이는 결코 바람직한 훈련은 아닙니다.

이론적으로 통달(通達)했다고 할지라도 실제로 피나는 노력을 하지 않고서는 피아노 연주를 잘할 수 없습니다.

피아노의 이론적 정보를 많이 알고 있다고 해도 그는 결코 피아노를 연주할 수 없는 것입니다.

철학을 논리적으로만 복잡하고 어렵게 설파한 사람들은 사람의 머리만 복잡하게 하고, 어지럽게 합니다.

그러나 철학을 생활에 접목했던 소크라테스는 철인(哲人)으로 존경 받고 있습니다.

인류의 대 스승이자 하나님의 아들 예수 그리스도께서도 '훈련'이라는 단어를 즐겨 사용하셨고, 제자들(훈련 받고 있는 자들)에게 강인(强靭)하게 훈련시키셨습니다.

사도 바울도 그 자신이 세계적인 대 학자이면서도 기독교를 '이론'으로 말하지 않았습니다.

연구소에 들어앉아서 만들어내지 않은 것입니다.

사도 바울은 성경을 기록함에 있어 길가에서, 회당에서, 옥중에서, 사막에서 실제로 부딪치면서 현장에서 얻은 것을 중심으로 해서 그의 서신(성경)을 기록했던 것입니다.

이는 '진리는 말에 있지 않고, 능력(실천)에 있다'는 논리를 확고부동(確固不動)하게 세워놓은 것입니다.

그러므로 성공하려는 자는 반드시 훈련되어져야 합니다.

우리는 흔히 학교에서 공부 잘하는 아이들이 장성해서는 별 볼 일 없는 사람이 되고, 반에서 성적이 변변치 못하던 친구들이 사회에 나가서 성공자가 되어 있음을 보게 됩니다.

왜 그렇습니까?

공부를 잘한다는 것은 '일자행'(一字行)을 하기 때문에 다른 사람들보다도 빨리 나가는 것처럼 보이지만, 공부를 못하는 사람은 '지자행'(之字行)을 하고 있기 때문에 좁게 보고, 앞으로만 빨리 나아가는 사람들보다 공부를 못한다고 평가합니다.

사물을 넓게 보고, 전후좌우(前後左右) 살펴가면서 천천히 나가기 때문에 이것을 깊이 관찰하지 않는 사람(선생)은 공부를 못한 사람이라고 평가하는 것입니다.

이 원리를 깨닫지 못하기 때문에 공부타령이 나오고, 일등타령이 나오게 되는 것입니다.

공부를 암기하는 머리로 평가하는 것은 참으로 어리석은 일입니다.

왜냐하면 이 공부는 창의적(創意的)인 두뇌가 암기(暗記)하는 두뇌보다 더디게 발전하는 것 같아 보이지만 더 많은 발전을 가져올 것이며, 결국은 성공할 것이기 때문입니다.

그렇습니다.

학교에서 우등생이 된다는 것과 사회에서 성공한다는 것은 다른 것입니다.

공부를 잘한다는 것을 '훈련이 잘되어 있다'는 것으로 착각 해서는 안 됩니다.

공부보다는 훈련이 성공을 주는 열쇠가 되기 때문입니다.

미개발 국가일수록 입시지옥이란 것이 있습니다.

거의 대다수의 학교 공부는 입시 위주의 암기 교육입니다.

최근에 들어서면서 서서히 일류학교가 사회에서 퇴색되어 가기 시작했습니다.

특성화된 학교들이 혜성처럼 떠오르고 있습니다.

그 이유가 무엇입니까?

이는 분명 교육의 패러다임(paradigm)의 변화가 오고 있음을 입증한 것입니다.

인간은 어느 누구나 자신만의 특성과 독특한 개성을 지니고 있으며, 재능(才能)과 재질(才質), 즉 달란트가 있습니다.

같은 국어 공부를 해도 어떤 학생은 읽기를 잘합니다.

어떤 학생은 쓰기를 잘합니다.

어떤 학생은 말하기를 잘합니다.

어떤 학생은 듣기를 잘합니다.

어떤 학생은 작문을 잘합니다.

이처럼 국어 한 과목에서도 각자의 재질이 다릅니다.

이러한 각자의 재질에 따라서 결국은 장래의 성공적인 삶을 개척해 나가는 것입니다.

국어를 잘한다는 것은 국어의 모든 분야가 아니라 국어의 한 부분을 잘하는 것입니다.

그래서일까요?

읽기를 잘해서 학자가 됩니다.

쓰기를 잘해서 명필가가 되기도 합니다.

말하기를 잘해서 아나운서가 됩니다.

듣기를 잘해서 평론가나 기자가 되기도 합니다.

작문을 잘해서 소설가가 되기도 하고, 문필가가 되기도 합니다.

그렇기 때문에 공부를 '전부 다 잘한다'는 것은 어떤 의미에서는 '전부를 다 못하고 있다'는 말이 될 수도 있습니다.

이런 인간의 개성과 달란트를 발견하면서부터 교육이 급속도로 변화해가고 있습니다.

교육의 새로운 패러다임의 전환기가 온 것입니다.

이것이 학교일 경우 '특성화'라 말합니다.

개인인 경우엔 '달란트화'라고 합니다.

달란트 개발에 승리한 사람이 성공자가 되는 것입니다.

그러므로 성공자가 되기를 원한다면 먼저 자신의 달란트가 무엇인가를 깊이 관찰하고 연구할 필요가 있습니다.

그리고 난 후 자신의 달란트 개발에 열정을 쏟아야 합니다.

이것이 '성공의 원리'이고, 성공의 지름길이 되는 것입니다.

그렇다면 성공자들의 교육방법은 무엇일까요?

모든 일에는 원리가 있고 방법이 있게 마련입니다.

어떤 과학자가 자신이 고안(考案)한 법칙에 대해 설명하면서 "이는 하나님께서 창조하셨고, 과학이 발견했다"고 했듯이 '일의 원리'도 그렇습니다.

우리 인간은 하나님께서 창조하신 것을 찾아내어 적용할 뿐이고, 우리가 마음속으로 간절히 원한다고 해서 반드시 그 열매를 거둘 수 있는 것이 아니므로, 기본적인 원리에 대한 이해가 그 성패를 좌우한다 하겠습니다.

성공한 사람들은 공부(工夫)가 타인과의 경쟁이 아니라 자신과의 투쟁임을 먼저 인식하였다는 공통점이 있습니다.

우리는 학교에서 다른 학생들과의 공부 경쟁에서 이긴 학생들이 사회에서는 패잔병으로 낙오되는 것을 종종 봅니다.

인생 성공에서도 거의 같은 맥락(脈絡)입니다.

인간은 경쟁의 대상이 아니라 '사랑과 협력'의 대상입니다.

하나님께서도 인간을 창조하신 후에 사랑으로 서로 돕는 배필(配匹)로 정하셨습니다.

인간을 경쟁의 대상으로 보는 것은 타락된 사람의 죄의 본성이며, 인생을 실패하게 하는 원인이 되는 것입니다.

많은 교육자들이 이 사실을 간과(看過)하여 수많은 학생들을 경쟁의 함정(陷穽)에 몰아넣고 있습니다.

만일 학생들에게 서로를 경쟁의 대상으로 교육하여 그 경쟁에서 승리하게 한다면 '자만'(自慢)에 빠뜨리게 하는 것입니다.

경쟁에서 패배하게 한다면 '좌절'에 빠뜨리는 것입니다.

중간치가 되어도 어정쩡해서 쓸모없게 되는 것입니다.

그렇다면 어떤 것이 성공자를 길러내는 참 교육일까요?

하버드 대학교를 창설하신 분은 하버드 목사님이십니다.
저는 그분과 대면한 적이 없습니다.
그분의 인격을 접해 본 경험도 없습니다.
그렇지만 그분과 관계된 사람들이 남긴 글을 통하여 '어떤
것이 성공자를 길러내는 참 교육'인가를 생각하게 됩니다.

한 기자가 하버드 목사님께 다음과 같이 질문하였습니다.
"하버드 목사님! 목사님께서는 하버드 교회를 개척하셨고,
가난과 질병에 한없이 시달리면서 결국 세상을 하직할 때
돈 300불을 내놓고 하버드 교회 모든 교인들에게 세계에
제일가는 대학을 세우라고 유언하실 때 어떻게 해야 가장
좋은 대학이 될 것이라고 말씀하셨습니까?"

이에 목사님은 'Veritas'(베리타스)라고 대답했다고 합니다.
여러분은 'veritas'라는 말의 의미가 무엇인지 아십니까?
'veritas'는 '진리'입니다.
이는 참으로 깊은 의미를 가진 실천적인 단어입니다.
이 말은 '하나님과 싸워서 이겼다'는 '야곱'에게서 유래된
말로, '진리와 싸운다'는 뜻입니다.
이것이 하버드 대학의 교훈이 되었습니다.

여러분은 야곱이 누구이며, 어떤 삶을 살았는지 아십니까?
'야곱'은 자기 친형과 장자권(長子權)을 놓고, 뱃속에서부터
경쟁을 벌이기 시작하였습니다.
야곱은 뱃속에서 쌍둥이로 나올 때부터 형 '에서'의 발꿈치
를 붙들고 태어나서 결국은 형 에서와 장자권에 대한 '경쟁'
을 벌이다가 그것을 빼앗고 말았습니다.
그 결과 어떻게 되었습니까?

야곱은 형제간에 칼을 가는 원수가 되었습니다.

부모와 생이별을 하게 되었습니다.

아버지 이삭을 속이고, 결국 부모 곁을 떠나 생전에 얼굴을 다시 뵙지 못하게 되었을 뿐 아니라, 자기 집에서 쫓겨나와 외삼촌 라반의 집 머슴 신분으로 전락되었습니다.

야곱은 사람을 경쟁의 대상으로 삼았다가 첫 번째 실패자가 된 것입니다.

이후 야곱은 인간을 경쟁의 대상으로 보는 타락된 본성의 습관에 따라 또 다시 외삼촌과 재산 경쟁을 시작합니다.

> "오늘 내가 외삼촌의 양 떼에 두루 다니며 그 양 중에 아롱진 것과 점 있는 것과 검은 것을 가려내며 또 염소 중에 점 있는 것과 아롱진 것을 가려내리니 이 같은 것이 내 품삯이 되리이다"(창 30:32)

이에 야곱은 이렇게 하기로 약속을 하고, 날마다 버드나무와 살구나무와 신풍나무의 푸른 가지를 가져다가 그것들의 껍질을 벗겨 흰 무늬를 내고, 그 껍질 벗긴 가지를 양 떼가 와서 먹는 개천의 물구유에 세워 양 떼를 향하게 하였습니다.

야곱은 얼룩얼룩한 것과 점이 있고 아롱진 색깔의 새끼를 얻는 꾀를 내서 외삼촌 농장을 집어삼키려는 양 쟁탈 경쟁을 시작한 것입니다.

이 경쟁에서 패배하게 된 외삼촌 라반은 칼을 높이 쳐들고 야곱을 살해하려고 하였습니다.

야곱이 도망가다가 잡혀 죽게 되었을 때 하나님이 야곱과 라반에게 나타나 "야곱에게 칼을 대지 말라"고 말씀하심으로 구원을 받았으나 야곱은 인간을 경쟁의 대상으로 삼았다가 아무런 소득도 얻지 못하고 혈육과도 이별하고 죽을 위기에 처했으며, 결국은 두 번의 실패자가 되어버린 것입니다.

우리는 이러한 야곱의 삶을 통하여 인간이 인간과 경쟁해서 저쪽이 지면 이쪽이 성공할 것 같이 생각하지만, 결코 그렇지 않고 오히려 망한다는 진리를 교훈으로 깨닫게 됩니다.

이후 야곱은 인간과의 경쟁에서는 '살생(殺生)은 있을지언정 축복이 없다'는 사실을 깊이 깨닫고, 가치관(價値觀)이 변화되어 더 이상은 인간과의 경쟁을 포기하게 됩니다.

이에 야곱은 하나님을 찾았습니다.

야곱은 압복강 가에서 찾던 하나님을 만나게 되었습니다.

하나님께서 야곱에게 나타나시자 야곱은 하나님께 축복을 달라고 하나님과 씨름을 하기 시작했습니다.

야곱의 씨름은 영감과 노력의 결정적 결합입니다.

하나님의 천사와 날이 새도록 씨름을 하는 중에 새벽쯤에 이르자 천사가 야곱에게 물었습니다.

"네 이름이 무엇이냐?"

"야곱이니이다."

"네 이름을 … 이스라엘이라 부를 것이라."

'야곱'은 '야비하다'는 뜻이 포함되어 있습니다.

'이스라엘'은 '하나님과의 싸움에서 이겼다'는 뜻입니다.

그제야 야곱은 그분이 하나님이심을 알게 되었습니다.

마침내 야곱은 '이스라엘'이라는 국가 창설자가 되어 국부(國父)가 되었습니다.

이 세상에는 이 성공의 진리를 깨닫는 사람이 적습니다.

그래서 실패자는 많고, 성공자는 적은 것입니다.

그렇다면 인간은 어떻게 신과 싸워서 이길 수 있을까요?

이것이 '성공의 원리'인 것입니다.

이 성공의 원리를 세 단계로 구별하면 다음과 같습니다.

첫째, 타락된 자기의 죄악 된 본성과의 싸움입니다.
둘째, 자기에게 주어진 달란트 개발과의 싸움입니다.
셋째, 하나님의 진리와의 거룩한 싸움입니다.

이 싸움에서 이긴 자가 진정한 의미에서 성공자입니다.
이 싸움에서 패배한 자는 직위고하(職位高下), 빈부귀천(貧富貴賤)을 막론하고 성공하지 못하는 것입니다.

과거 · 현재 · 미래를 통하여 왕(대통령)일지라도 이 싸움이 없는 왕(대통령)은 폭군 혹은 전범자로 살인자가 됩니다.
이 싸움이 없는 재벌가는 돈을 많이 벌었으나 부정과 부패 속에서 수전노가 됩니다.
이 싸움이 없는 성직자는 실패와 타락으로 낙오자가 됩니다.
이 싸움이 없이 성공하려는 자는 욕심쟁이가 될 뿐입니다.
성경의 교훈대로 '욕심이 잉태하면 죄를 낳고, 죄가 장성하면 사망을 낳게 되는 것'입니다.
성공의 원리는 위의 세 가지 싸움에서 이기는 것입니다.

독자 여러분!
성공하기를 원하십니까?
그렇다면 이제 여러분도 오늘부터 이 싸움을 시작하십시오.
그리고 피투성이가 될지라도 반드시 승리하십시오.
그러면 반드시 성공자로 우뚝 서게 될 것입니다.

성공자는 이 세 가지 싸움에서 승리한 자이기 때문입니다.
돈을 아무리 많이 가지고 있어도, 엄청난 권력을 손에 쥐고 있다 해도 이 싸움에서 진 자는 결국 실패자인 것입니다.

여러분은 무엇이 '성공(成功)의 원리(原理)'라고 생각합니까?

- 교육(教育)입니까?
- 훈련(訓鍊)입니까?
- 악습(惡習)과의 싸움입니까?
- 달란트 개발의 열정(熱情)입니까?

- 진리(眞理)(거룩)와의 싸움입니까?
- 경쟁(競爭)입니까?
- 노력(努力)입니까?
- 사랑(愛)입니까?
- 품위(品位)입니까?

- 온유(溫柔)와 겸손(謙遜)입니까?
- 신의(信義)와 충절(忠節)입니까?
- 도덕(道德)과 윤리(倫理)입니까?

　인간은 어느 누구나 무엇이 되었든지 간에 한 가지 일에만 붙들려도 성공적인 인간이 될 수 있습니다.
　성공적 인간은 땅에서뿐만 아니라 하늘에서도 영원히 유효한 것이기 때문에 성경은 우리에게 증거합니다.

　　"내가 천국 열쇠를 네게 주리니, 네가 땅에서 무엇이든지 매면 하늘에서도 매일 것이요, 네가 땅에서 무엇이든지 풀면 하늘에서도 풀리리라 하시고"(마 16:19)

독자 여러분!
인간은 결코 실패해서는 안 된다고 자신에게 촉구하십시오.
아무렇게나 살자고 유혹하는 사람들을 경계하십시오.
　인생의 실패자는 땅과 하늘 앞 그 어느 곳에서도 설 곳이 없음을 인식하십시오.

성공을 위한 베이직 트레이닝

❖ <u>스스로의 강점을 강화하고 약점을 보완하라</u>

우리의 장점이 오늘날 우리를 존재하게 한 이유입니다.
반대로 약점은 우리의 활동을 방해합니다.
그러므로 우리의 장점을 강화시키고 활용하되, 우리의 단점을 보완하여 상황에 유연하게 대처하십시오.

우리의 태도가 유연하게 되면 우리의 장점을 잘 사용하게 되고, 우리의 단점을 보완할 수 있습니다.
그러나 유연성을 가진다고 해서 목표는 절대 양보하지 마십시오.

삶의 성공은 지속적인 변화와 성장을 통해서 가능한 것입니다.
변화는 우리에게 새로운 성공의 기회를 제공할 것입니다.
변화를 기꺼이 수용하고 행동으로 옮기십시오.
새로운 습관을 만들기 위해 끊임없이 장점을 강화시키고 활용하되 단점을 보완하여 상황에 유연하게 대처하십시오.

❖ 베이직 트레이닝

1. 우리의 장점과 약점은 무엇이며 변해야 할 것은 무엇입니까?

2. 우리는 장점과 약점, 그리고 변화를 기꺼이 받아들입니까?
   장점과 약점 가운데 무엇이 나의 변화를 막고 있습니까?

3. 변화를 실천해 본 후에 나의 자세가 어떻게 달라졌습니까?

4. 우리 자신이 장점을 강화하고 약점을 보완하며, 새로운 습관을 들이고 싶은 것들을 적어보십시오.

5. 이러한 것들 중에 우선순위가 높은 것 한 가지를 선택하고 그 실천 방법을 적어 보십시오.

6. 언제 실천할 것인지 결심하고 그 시간에 반드시 실천하십시오.

성공에도 법칙이 있는가?

여러 경제학자들은 앞으로 우리 사회는 경제적으로 심각한 위기에 직면할 것이라고 예고합니다.

그렇다면 우리들은 어떻게 해야 될까요?

우리 모두가 이러한 위기 앞에 굴복하게 되는 것일까요?

성경은 '우리가 하나님의 말씀이 시키시는 대로 순종하면 결코 쓰러지지 않을 것'이라고 말씀하십니다.

그런데 많은 사람들이 성경의 명령대로 행하지 않고, 안일한 신앙 속에 안주하고 있기에 하나님의 축복을 받지 못하고 있습니다.

어쩌면 이것이 영적으로 '어린아이와 어른'을 구분하는 척도가 되고, '실패와 성공'의 갈림길이 되는 것 같습니다.

우리가 성공적인 삶을 진심으로 원한다면 하나님의 말씀이 명한 그대로 행해야 합니다.

왜냐하면 성경은 몇 번씩이나 '형통하다'와 '형통'(亨通)이란 낱말을 '행하다'라는 말과 연결시키고 있기 때문입니다.

성경이 이르시는 대로 행하면 우리가 행하는 모든 일, 우리가 활동하는 모든 방향에서 형통할 것이라고 말하는 것입니다.

하나님께서는 우리에게 '선택의 자유'를 허락하셨습니다.

'형통의 법칙'도 주셨습니다.

하나님의 형통의 법칙은 하나님의 말씀인 성경에 조목조목 기술되어 있습니다.

따라서 우리가 그 법칙을 따른다면 삶의 모든 영역에서 형통할 것입니다.

그렇지만 그 법칙에 등을 돌리고, 자기 마음대로 살아간다면 우리는 불순종의 값을 치를 각오를 해야 할 것입니다.

그렇다면 성경이 말하는 성공의 법칙은 무엇일까요?

성공의 첫째 법칙 – 죄악의 본성을 제거하라!

오늘날 우리 교육의 특징을 한마디로 표현하라고 한다면 '경쟁을 위한 교육'이라고 말할 수 있을 것입니다.

그러나 이 시대 우리의 '인간 경쟁 교육'은 하루빨리 재검토되어야 하고, 바꿔야 할 필요가 있다고 생각합니다.

인간을 상대로 한 경쟁 교육은 사라져야 한다는 것입니다.

만일 이 같은 경쟁을 위한 교육이 존속(存續)한다면 이 교육은 몹쓸 인간을 양성하는 결과를 초래할 수밖에 없기 때문입니다.

인간은 정치·경제·사회·교육 등 모든 분야에서 상대를 사랑과 협력의 대상으로 바라보아야 합니다.

결코 경쟁의 대상으로 보아서는 안 됩니다.

이를 위해서 자신의 타락된 죄악의 본성과 철저하게 싸우는 훈련을 해야 합니다.

이것이 성공의 첫 번째 법칙입니다.

자신의 타락된 죄악의 본성과 철저하게 싸우는 훈련에서부터 시작하는 것입니다.

이를 위한 방법으로 자신의 타락한 죄성(罪性)을 열거해 놓고 고치기 쉬운 것부터 하나하나 싸워 고쳐 나가는 것입니다.

성경의 기록에도 사도 바울은 이 싸움에서 '날마다 죽는다'고 고백했습니다.

그 결과 바울은 이 싸움에서 승리하였습니다.

바울은 자신의 죄성(罪性)과 타락된 본성과의 싸움에서 이겼기 때문에 인류의 모범이 되고 성공자가 된 것입니다.

그러므로 이제 여러분도 자신의 타락된 죄성(罪性)을 일일이 열거해 놓고, 만일 이것과 싸워서 이기면 하나씩 하나씩 지워 나가는 도표를 만들어 보십시오.

그리고 한 가지씩 이길 때마다 자기 자신을 향하여 축하해 주고, 축복해 주는 것입니다.

성경은 '자기를 다스리는 자는 성을 얻는 것보다 낫다'고 증거하고 있기 때문입니다.

"노하기를 더디 하는 자는 용사보다 낫고, 자기의 마음을 다스리는 자는 성을 빼앗는 자보다 나으니라"(잠 16:32)

인간은 자기 자신의 타락된 죄성(罪性)을 제거하지 않는 한, 그 누구도 성공자가 될 수 없습니다.

자기 자신의 죄성(罪性)과 싸움의 시작은 곧 성공의 시작인 것입니다.

성공의 둘째 법칙 – 자기만의 달란트를 개발하라!

한편 성공적인 삶을 살기 원한다면 자신에게 주어진 달란트 개발을 위해서 분투노력(奮鬪努力)을 아끼지 말아야 합니다.

사람으로 태어난 존재는 누구나 달란트를 가지고 태어납니다.

달란트 없이 태어난 사람은 아무도 없습니다.

교육은 이 달란트를 찾아 주고, 개발하도록 도와주는 것입니다.

이 달란트를 찾아내어 자기 것 화(化)하고, 숙달시키기 위해 이를 연마하게 하고, 이 달란트를 통해 국가와 사회와 인류에게 공헌하도록 하는 것이 '교육의 사명'인 것입니다.

현대 교육은 '선생이 가르치는 것이 아니라 학생으로 하여금 실천하도록 하는 것'이라고 말합니다.

이제까지의 교육은 선생이 알고 있는 것을 학생에게 일방적으로 주입시키려는 행위를 교육의 근간으로 삼아왔습니다.

이 '주입식 교육'은 학생의 달란트를 개발하기보다는 오히려 위축시키거나 잠식시켜서 각각의 달란트를 사라지게 하는 교육이라 말할 수 있습니다.

교사가 강단에 서서 구구단을 아무리 잘 외우고, 구구단은 '이렇게 하는 것'이라고 설명을 잘했어도 학생이 암기하도록 유도하지 않는다면 결국 선생의 지식일 뿐, 학생의 지식이 될 수는 없습니다.

이러한 의미에서 교육은 '배워서 자기 것으로 만드는 과정'이어야 하며, 반드시 학생 자신의 능력의 크기만큼 노력하고 실천하도록 하여 한 단계씩, 한 단계씩 자기 것 화(化) 시켜 나가도록 해야 합니다.

그렇지 않고는 선생님의 원맨쇼로 끝나고 마는 것입니다.

이런 교육이 시행되고 있는 국가들은 거의 저개발국 혹은 미개한 민족으로 전락되어 있음을 볼 수 있습니다.

교사가 많이 안다고 해서 잘 가르치는 것도 아닙니다.

학생의 능력으로 '자기 것 화(化) 시킬 수 있도록 하게 하는' 교사가 일등교사입니다.

인간을 만들어가는 족집게 교사가 아니라, 그들의 달란트를 개발해 주고, 연마하도록 도와주는 교사가 되어야 합니다.

따라서 교육의 성공자는 자기 자신이 맡은 사람들의 달란트를 개발할 수 있도록 최선을 다해야 하는 것입니다.

이스라엘 사람들은 3세에 달란트를 측정한다고 합니다.
독일인은 보편적으로 7세에 달란트를 측정한다고 합니다.
미국인은 보편적으로 10세에 달란트를 측정한다고 합니다.
일본인은 보편적으로 13세에 달란트를 측정한다고 합니다.
그런데 우리 한국인들은 18세에 측정한다고 합니다.

조기에 달란트 측정검사를 해서 일찍부터 개발해 주는 것이 교육의 최선의 방법임이 위의 예에서 나타나고 있습니다.
'어린 나이에 1년 먼저 달란트를 개발해 주면 나중에 사회에서 10년을 앞서간다'고 합니다.
만약 학생들에게 달란트 측정검사는 시행하지 않고, 18세 (고등학교)까지 무조건 암기하는 방식이나 사지선다형(四枝選多型)의 문제를 통한 교육만을 강요한다면 그 국가와 민족의 장래가 어떻게 되겠습니까?

개개인의 달란트(특질) 발견 없이 막연한 교육은 한 사람의 인생과 미래를 방황하도록 합니다.
따라서 부모의 직업이나 주위 환경, 유전적인 것이나 집안의 내력이나 학생 자신이 소질을 보이는 것이나 흥미를 갖고 열심히 하고 싶어 하는 분야 등 여러 가지 방법에 의해 어린이나 학생들의 달란트를 조기에 발견해야 합니다.
균형적 교육을 깨뜨리지 않는 범위 내에서 달란트를 개발시켜 주어야 합니다.

학생들의 개성적 특질의 달란트 교육은 반드시 조기에 발견하고 측정하고 조사해서 학생으로 하여금 흥미를 갖고 진지하게 자기 달란트 개발에 몰두하도록 해야 합니다.

하기 싫은 것을 억지로 시키고, 못한다고 구박하고 꾸중하면 공부 자체가 싫어지고 달란트 개발조차 포기하게 됩니다.

성공자는 누구를 막론하고 자기 달란트를 개발하였고, 이것을 발전시키려고 부단한 싸움을 벌인 사람들이었습니다.

성경은 자기 달란트를 개발하지 못한 자를 '천국에서 쫓겨난 자가 되었다'고 지적합니다.

한 달란트를 받은 자는 그것을 땅에 묻어 두었다가 한 달란트 그대로 주인에게 가지고 왔습니다.

이에 주인은 한 달란트를 가져온 사람을 꾸짖고, 심판했습니다.

> "이 무익한 종을 바깥 어두운 데로 내쫓으라 거기서 슬피 울며 이를 갈리라"(마 25:30)

왜 그렇습니까?

달란트는 하늘이 부여한 것이기 때문입니다.

따라서 자신에게 주어진 달란트를 개발하지 않고, 인생을 아무렇게나 되는 대로 살도록 방치하는 것은 죄악인 것입니다.

이 세상에는 자기 자신에게 달란트가 있는지 없는지조차 깨닫지 못하고 사는 사람들이 허다합니다.

그리고 이것을 개발해서 연마하지 않으면 공허할 수밖에 없고, 인생에 빚진 자로 살다가 속절없이 떠나가는 인생으로 전락된다는 것도 인식하지 못하고, 허송세월(虛送歲月)하며 사는 사람들이 많이 있습니다.

성경에서는 이런 사람들(달란트를 개발하지 못한 자)이 '심판 받고 바깥 어두운 데서(지옥) 슬피 울며 이를 갈게(고통) 될 것'이라고 경고합니다.

따라서 우리는 달란트 개발을 막는 자(그가 선생이든, 교수이든, 학생이든 간에)가 되어서는 안 됩니다.

또한 자기 달란트를 개발하고, 연마할 생각도 하지 않고, 땅에 묻어둔 자들에게 신(하나님)은 심판을 내린다는 경고의 말씀을 경히 여기고, 영원한 후회자가 되어서도 안 됩니다.

우리는 '성공한다는 것이 이 세상에서뿐 아니라 내세에까지 연결된다'는 성경의 교훈을 경홀히 취급해서는 안 됩니다.

왜냐하면 성경은 "천지는 없어져도 내 말은(하나님) 없어지지 않고, 땅에 떨어지지도 않고 다 이루리라"고 분명하게 확약하고 있기 때문입니다.

만일 어떤 사람이 제게 '내 몸 가지고 내 마음대로 살다가면 되지 달란트 개발이 왜 필요하고, 연마가 왜 필요하고, 성공이 왜 필요한가?'라고 묻는다면 성경에 나타난 하나님의 교훈과 경고와 심판의 말씀으로밖에는 대답할 말이 없습니다.

인간은 반드시 성공해야 합니다.

자신의 타락된 죄악의 본성과 싸워 이긴 다음 반드시 자기에게 축복으로 주어진 달란트와 싸워 개발하고 연마한 후에 아무리 작은 것이라도 인류를 위해서 공헌(貢獻)해야 합니다.

인간으로 태어나서 실패한 자는 변명의 여지가 없습니다.

높은 벼슬자리에 올라서 으스댄다든지, 돈을 많이 벌어서 떵떵거린다든지, 자신의 학문과 명철만을 믿고 타인을 무시한다든지 하는 것은 결코 성공이라고 말할 수 없습니다.

성공은 자기에게 주어진 달란트를 개발·연마하여 인류에게 공헌하는 것입니다.

이를 위해서는 끊임없이 자신과의 싸움을 해야 합니다.

성공적인 삶을 살기 원하십니까?

지금부터 여러분의 달란트를 점검해 보십시오.

그리고 그것이 얼마만큼 연마되어 '내 삶에 적용되고 있는 가?'를 점검해 보십시오.

알버트 아인슈타인(Albert Einstein)은 "나는 나에게 주어진 능력의 18%를 사용했을 뿐이다."라고 하면서 달란트 개발에 불성실했음을 고백했다고 합니다.

그렇다면 여러분은 지금 자신에게 주어진 달란트를 과연 몇% 사용하고 계십니까?

성공의 셋째 법칙 - 내가 거룩하니 너희도 거룩하라!

성공한 사람은 최종적으로 자신과의 싸움에서 이긴 자들입니다. '진리와 싸운다'는 것은 '하나님과 싸운다'는 것입니다.

그렇다면 우리는 하나님의 무엇과 싸워야 할까요?
하나님이 우리 인간에게 요구한 것은 단 한 가지뿐입니다.

"나는 너희의 하나님이 되려고 너희를 애굽 땅에서 인도하여 낸 여호와라 내가 거룩하니 너희도 거룩할지어다"(레 11:45)

'하나님이 거룩하니 너희도 거룩하라'는 것입니다.
하나님의 본성은 '거룩·거룩·거룩'이십니다.

그렇다면 거룩이란 무엇입니까?
우리는 사랑과 공의가 극치에 다다를 때 '거룩'이라고 합니다.
진·선·미가 극치를 이룰 때의 모습을 '거룩'이라고 합니다.
성실하고 진실하게 일하는 것을 '거룩'이라고 합니다.

성경의 '거룩'이란 단어는 "내 아버지께서 일하시니 나도 일한다"라는 예수 그리스도의 말씀에서 그 의미를 찾는 것입니다.

'인간이 신처럼 거룩해질 수 있을까?'라는 질문에 대한 신의 대답은 "내가 거룩한 것처럼 너희도 거룩하라"는 것입니다.

이에 인간은 거룩하기 위해서 선한 싸움을 시작해야 합니다.

성경에 보면 신(하나님)은 인간을 거룩하게 만드시려고 몹시 애쓰셨고, 많은 배려를 해 주셨습니다.

인간의 '성(聖-거룩)'을 위해 '성경(聖經)'을 선물로 주셨습니다.

인간의 '성(聖-거룩)'을 위해 '성자(聖子)'를 선물로 보내 주셨습니다.

인간의 '성(聖-거룩)'을 위해 '성령(聖靈)'을 선물로 보내 주셨습니다.

예수 그리스도께서 십자가에서 대속의 피를 흘린 것도 인간의 죄를 씻고, 인간을 거룩한 인간으로 만드시기 위한 하나님의 최후의 수단이라고 성경은 말하고 있는 것입니다.

'인간은 거룩해질 수 없다'는 변명을 늘어놓으면 안 됩니다.

인간은 반드시 거룩해져야 합니다.

이 거룩을 위해 진리와 싸워야 합니다.

즉, 거룩해지기 위한 투쟁이 성공인 것입니다.

성경은 이 싸움을 '선한 싸움'이라고 표현하고 있습니다.

이 싸움이 없이는 사람은 일시적인 성공자인 듯 보일 수는 있어도 영원한 성공자는 될 수 없는 것입니다.

이 선한 싸움을 '진리와의 싸움'이라고도 말합니다.

그러므로 우리가 최후의 성공자가 되려면 진리와 싸울 준비를 해야 합니다.

이를 위해 선행되어야 할 것은 먼저 자신의 죄악 된 본성을 버리는 것입니다.

자기 자신만의 달란트를 개발하는 것입니다.

거룩한 싸움을 승리로 끝마치는 것입니다.

그럴 때 우리도 성공자의 반열에 들 수 있게 될 것입니다.

우리는 '싸움'이란 표현에 거부감을 가질 필요는 없습니다.

대 부호 록펠러 1세는 자신이 '신(하나님) 앞에 어느 정도 정성을 쏟을 수 있는가'를 측정하여 자신의 결점을 파악하였습니다.

가난한 환경 속에서 성장한 그는 욕심꾸러기, 수전노가 될 수 있는 '자아(自我)'를 깨달았기에 평생 십일조 헌금을 드리면서 자신의 수전노적인 속성과의 험한 투쟁에서 승리했습니다.

그 결과 그는 세계 제일의 부호가 될 수 있었던 것입니다.

토비아스 칼라일(Tobias E. Carlisle)은 그의 게으름과 부정적 사고와 강력한 투쟁을 하기 위해 직접 긍정적인 시(詩)를 써서 날마다 외친 결과 성공자가 되었다고 합니다.

"아! 아름다운 태양이 떠오르려 한다. 이 태양 아래서 오늘 하루를 어떻게 아름답게 살 것인가?"

인간이 성공하는 데 있어 자기 자신과의 피나는 투쟁 없이 성공한 사람은 단 한 사람도 없습니다.

많은 사람들은 성공하기를 원하기는 하지만, 성공을 위한 자기 자신과의 싸움은 시도조차 하지 않으면서 성공하지 못하는 자신을 향해 투덜대고 있는 것입니다.

인도의 마하트마 간디(Mahatma Gandhi)는 사치스럽고 안일한 자기 근성과 싸우기 위해 "나는 인도인이 모두 신발을 신기 전에는 신을 신지 않겠노라."고 하며 자기 자신과의 투쟁을 선언하였습니다.

이 싸움에서 이긴 간디는 인도의 영웅뿐 아니라, 세계의 영웅이라고 하는 성공자로 추앙(推仰) 받고 있는 것입니다.

'인도를 다 준다고 해도 간디 한 사람과 바꾸지 않겠다'는 말은 성공자 한 사람이 국가와 민족과 인류를 위한 얼마나 고귀한 자산인지를 극명하게 나타내는 말입니다.

우리는 성공을 위해 세 가지의 결단이 필요합니다.

① 죄악의 본성을 제거하라!
② 자기만의 달란트를 개발하라!
③ 내가 거룩하니 너희도 거룩하라!

왜냐하면 이 결단이 없으면 우리는 실패자로 돌아갈 수밖에 없기 때문입니다.

'평범하게 살다가 인생을 끝내자'는 유혹에 빠지면 안 됩니다.

사탄은 오늘도 실패의 선악과로 인간 모두를 유혹하고 있기 때문입니다.

실패자들의 언어는 불평과 불만이 가득하고, 타인을 질투하여 작은 흠(欠)이라도 찾아내기에 급급한 특성을 가진 반면에 성공자들의 언어는 긍정적이고, 적극적이며, 항상 인간을 사랑과 협조의 대상으로 여기고, 칭찬으로 가득합니다.

이것이 자기 악습과의 싸움에서 이기는 비결입니다.

이것이 자기 달란트와의 싸움에서 승리하는 비결입니다.

이것이 거룩하게 되는 비결인 것입니다.

어느 학교를 졸업했든지 간에 성공하지 못한 자가 있다면 이는 귀하고 유익한 정보를 배워서 알고 있을 뿐, 자기 자신과의 싸움에서 실패한 자들입니다.

어느 학교를 졸업했느냐가 중요한 것이 아닙니다.

학점을 잘 받고, 못 받고는 중요하지 않습니다.

일등을 했느냐, 꼴등을 차지했느냐가 중요하지 않습니다.

타인과의 경쟁에서 이기고, 지는 것의 문제도 아닙니다.

만일 어떤 사람이 '나는 삼류학교를 나왔기에 실패했다'고 푸념을 늘어놓는다면 저는 다음과 같이 말하겠습니다.

"당신은 삼류학교를 나왔기 때문에 실패한 것이 아닙니다. 당신은 당신과의 싸움에서 졌기 때문에 실패한 사람입니다."

여러분은 어떤 것이 성공의 법칙이라고 생각하십니까?

- 자기의 타락된 죄 성과의 싸움입니까?
- 자기의 달란트 개발과의 싸움입니까?
- 거룩과의 싸움입니까?

- 노력과 인내입니까?
- 선한 싸움입니까?
- 달란트 개발입니까?

- 죽도록 충성하는 것입니까?
- 경건에의 훈련입니까?
- 진리와의 싸움입니까?

성공이란 땅에서의 문제뿐만 아니라 하늘에서도 문제입니다. 오늘의 문제만이 아니라 영원한 문제라고 할 때 우리 삶은 짧은 기간이지만, 결코 허술하게 보내서는 안 되는 것입니다.

"…네가 죽도록 충성하라. 그리하면 내가 생명의 관을 네게 주리라"(계 2:10)

인생(人生)은 투쟁(鬪爭)입니다.

성공을 위한 베이직 트레이닝

❖ 합의의 토대 위에서 커뮤니케이션 하라

성공하는 사람은 커뮤니케이션의 중요성을 잘 알고 있습니다.
이에 성공한 사람들은 자신이 전달하고자 하는 메시지를 정확하
게 전하고, 효과적인 의사소통을 위해 노력합니다.
자신의 생각을 전달하기 위해 말하기 전에 먼저 생각합니다.
그렇게 의사소통에 합의하면 서로가 서로에게 책임을 지고 정직
하고 건강한 관계를 맺습니다.
만약 의사소통에 합의하지 않으면 같은 관점을 갖지 못합니다.
의사소통의 합의는 서로를 존중하고, 자기를 낮추는 것입니다.
의사소통의 합의는 공동체의 공통된 목표를 세우고, 같은 방법으
로 접근하여 평화와 번영의 공동체를 이룰 수 있습니다.
그러므로 명확하고 정직한 의사소통으로 합의를 이루십시오.

❖ 베이직 트레이닝

1. 우리가 명확하고 합의된 의사소통을 하고 싶은 사람은 누구
   이며, 내가 말하고자 하는 것은 무엇입니까?

2. 우리가 그 사람과 의사소통을 하고자 하는 이유는 무엇이며,
   명확하고 합의된 의사소통을 위해 내가 조성할 수 있는 환경
   은 무엇입니까?

3. 명확하고 합의된 의사소통을 하기 위해 우리가 준비할 것은
   무엇이며, 우리는 그를 어떻게 설득하고자 합니까?

4. 우리는 명확하고 합의된 의사소통으로 어떤 결과가 이루어지
   기를 원하십니까?

5. 특정한 커뮤니케이션 상황을 생각하고 의사소통 능력을 향상
   시키는 연습을 하십시오.

6. 명확하고 합의된 의사소통을 한 이후 우리의 가슴에 어떤 현
   상이 일어났습니까?

성공적 삶을 산 인물들의 특징은?

좋아하면 닮는 것이 우리의 마음입니다.
바라보면 저절로 다가가게 됩니다.
매력을 느끼면 끌리게 되고, 소원하면 소유하게 됩니다.
그러므로 성공적 삶을 살아간 선배를 닮고, 그를 바라보며, 그에게 매력을 느끼고, 그와 같은 사람이 되도록 해야 합니다.
성공적 삶을 산 이들의 로맨적 생각과 돈키호테적 행동을 조화시켜 들여다보는 것은 성공을 위한 첫 걸음입니다.

그렇다면 성공적 삶을 산 인물들의 특징은 무엇일까요?

성공자의 가정적 배경

가정적인 배경은 성공과 실패에 큰 영향을 미치게 됩니다.
이에 성경은 아브라함으로 인해 이삭이 복을 받았고, 다윗으로 인해서 그 아들 솔로몬이 축복 받았음을 말합니다.

> "이 땅에 거류하면 내가 너와 함께 있어 네게 복을 주고 내가 이 모든 땅을 너와 네 자손에게 주리라 내가 네 아버지 아브라함에게 맹세한 것을 이루어 네 자손을 하늘의 별과 같이 번성하게 하며 이 모든 땅을 네 자손에게 주리니 네 자손으로 말미암아 천하 만민이 복을 받으리라 이는 아브라함이 내

말을 순종하고 내 명령과 내 계명과 내 율례와 내 법도를 지켰음이라 하시니라"(창 26:3-5)

"여호와께서 솔로몬에게 말씀하시되 네게 이러한 일이 있었고 또 네가 내 언약과 내가 네게 명령한 법도를 지키지 아니하였으니 내가 반드시 이 나라를 네게서 빼앗아 네 신하에게 주리라 그러나 네 아버지 다윗을 위하여 네 세대에는 이 일을 행하지 아니하고 네 아들의 손에서 빼앗으려니와 오직 내가 이 나라를 다 빼앗지 아니하고 내 종 다윗과 내가 택한 예루살렘을 위하여 한 지파를 네 아들에게 주리라 하셨더라"(왕상 11:11-13)

미국의 사회 운동가이며 경건한 조나단의 자손 8대 700여 손을 조사하니 대학총장 13명, 대학교·신학교 교수 250명, 목사 125명, 변호사 100명, 판사 검사 30명, 육해공군 장성 75명, 기타 120명 등과 각종 저서 125종이 나왔다고 합니다.

그런데 동시대 여류 음주가이며, 음탕한 여자의 7대손 800여명을 조사하니 감옥과 고아원, 정부에 막대한 재산 피해를 입힌 자들로, 살인죄 수감자 7명, 강도죄 수감자 60명, 범죄자 22명, 걸인과 극빈자 150명, 양육원에 있는 자 160명, 매음부 199명, 적당한 직업을 가진 자는 20명으로, 그 중에서 10명은 감옥에서 기술을 배운 자였다고 합니다.

다음은 미국의 한 심리학자의 보고서입니다.

미국 독립전쟁에 참전한 가리락크라는 젊은 군인이 어떤 술집에서 무척이나 방탕하고, 지능이 낮은 여자를 만나서 아들을 낳았고, 그 아들로부터 시작해서 150년 간 480명의 자손이 생겼는데, 그 중에 수많은 정신박약아, 알코올 중독자, 범죄자, 매음자, 사생아가 나와서 이 후손들로 인하여 형무소와 갱생원이 막대한 주비를 사용해야 했습니다.

성공적 삶을 산 인물들의 특징은 무엇인가? 87

그런데 전쟁이 끝난 후에 가리카크는 고향에 돌아와 성실하게 신앙생활을 하면서 정상적인 여성과 결혼하였고, 그때로부터 150년의 기간 동안 약 500명의 자손이 생겼는데, 그 자녀들 중에는 변호사·의사·판사·목사·학자·실업가·군인 등 각 분야에 걸쳐서 수많은 인재들이 배출되었습니다.

이처럼 '가정적 배경'은 성공과 실패에 있어 매우 중요합니다. 따라서 오늘 우리는 조상 때문에 내가 축복을 받지 못한다 하더라도 나로 인하여 내 자손이 축복을 받도록 해야 합니다. 성경은 다윗의 신앙 고백을 통하여 다음과 같이 증거합니다.

"내가 어려서부터 늙기까지 의인이 버림을 당하거나 그 자손이 걸식함은 보지 못하였도다"(시 37:25)

이는 아버지의 성공이 자손에게 유전된다는 것입니다.

그러나 아버지의 성공을 유산으로 삼아 그대로 이어받는 것은 그다지 바람직한 일은 아닙니다.

우리는 물질적인 유산보다는 신앙적인 유산이, 유형적인 유산보다는 무형적인 유산이 성공적 삶에 더 큰 영향을 끼친다는 사실을 알아야 합니다.

이에 성경은 한평생 살면서 부귀영화를 다 누려보았던 솔로몬의 고백을 통하여 다음과 같이 증거하고 있습니다.

"모든 지킬 만한 것 중에 더욱 네 마음을 지키라 생명의 근원이 이에서 남이니라"(잠 4:23)

성공자와 직업의식

오늘날 우리 모든 젊은이의 두 가지 중대 문제는 '어떤 직업을 가질 것이냐?'와 '누구를 배우자로 맞을 것이냐?'입니다.

그렇다면 성공한 사람들의 직업적 특성은 무엇일까요?

성공한 사람들의 직업적 특성을 보면 '취미와 직업이 일치하였다'는 것입니다.

일이 재미있으면 오래 일할 수 있고, 힘들이지 않고 일할 수 있으며, 노는 것처럼 일할 수 있습니다.

토머스 에디슨(Thomas Alva Edison)은 때로는 먹지도 않고, 때로는 자지도 않으면서 하루에 18시간씩 일했으나 조금도 힘들어 보이지 않았다고 합니다.

에디슨은 그 이유를 묻는 이에게 이렇게 대답하였습니다.

"나는 평생 단 하루도 일한 적이 없다. 모두 다 재미로 한 것뿐이다."

찰스 슈압(Charles R. Schwab)은 "사람은 자기가 무한한 열심을 갖는 일에 성공할 수 있다."고 말합니다.

여러분은 직업과 취미의 특징이 무엇인지 아십니까?

직업은 '해야 하는' 일, 취미는 '하고 싶은' 일입니다.

따라서 자신이 해야 할 일과 하고 싶은 일이 일치하는 것만큼 행복한 일은 없습니다.

이에 버나드 쇼우(George Bernard Shaw)는 말합니다.

"우리가 하루 10시간 춤을 출 수는 없지만 10시간 일은 할 수 있다. 세상에서 가장 바보는 자기가 하는 직업을 의무로 생각하는 사람이다."

20세기의 부호 록펠러(John Davison Rockefeller)의 손자가 뉴욕 할렘가 빈민굴에서 구멍가게를 열었습니다.

이상히 여긴 기자가 물었습니다.

"왜 여기서 이런 일을 합니까?"

이때 그는 어깨를 으쓱하며 다음과 같이 말했다고 합니다.

"이건 내가 하고 싶은 일인걸요."

독자 여러분!

여러분들이 성공적인 삶을 살기 원한다면 즐거워 할 일을 선택하거나, 선택한 일을 즐거워하시기 바랍니다.

그러면 여러분의 삶은 성공적인 삶이 될 것입니다.

금세기의 위대한 시인 로버트 프로스트(Robert Frost)는 다음과 같은 감동적 시를 썼습니다.

일과 취미를 구별하고 싶은 자는
그렇게 하는 것이 좋다.

나의 인생의 목적은
일과 취미를 일치시키는 것이다.

두 개의 눈으로도 하나로 보이도록
좋아하는 것과 필요가 하나가 되어
사람에게 일이 놀이가 되어 해낸 일 전부는
진실로 하나님과 미래 때문이다.

– '진흙 수렁에 빠진 두 사람의 방랑자' 中에서 –

한편 성공한 사람들의 직업에 나타난 특징은 '한 우물을 팠다'고 하는 것입니다.

자기 전 생애가 걸린 직업의 문제를 시장에서 옷 고르는 것보다도 덜 중요하게 여기는 사람이 있습니다.

10가지 재주 있는 자가 저녁 끼닛거리가 없는 법입니다.

백수의 왕 사자가 초원에서 먹이를 찾아 헤매던 중 한가로

이 거닐고 있는 얼룩말을 발견하고 곧장 뒤를 쫓았습니다.

그런데 사슴 한 마리가 눈앞을 질러갔습니다.

그는 얼룩말을 버려두고 사슴을 쫓기 시작하였습니다.

잠시 후에 이번에는 산양이 눈에 띄었습니다.

사자는 또 다시 방향을 바꾸어 새 먹이를 쫓았습니다.

이처럼 이 변덕쟁이 사자는 산양을, 그리고 다음에는 새끼 양을 분주하게 쫓아다니고 난 뒤에는 이윽고 몇 시간이 지나 허덕이면서도 아직도 토끼 뒤를 쫓고 있는 것이었습니다.

결국 토끼도 이 피로에 지친 약간 바보스러운 백수의 왕에게서 간단하게 도망칠 수 있었습니다.

이에 예수님께서는 비유로 다음과 같이 말씀하십니다.

"손에 쟁기를 잡고 뒤를 돌아보는 자는 하나님의 나라에 합당하지 아니하니라"(눅 9:62)

뿐만 아니라 성공한 사람들의 직업에 나타난 특징은 35세 이전에 전직(轉職)했다는 것입니다.

정년퇴직을 기다리면서 제2의 인생을 출발하는 경우는 별도이며, 일반적으로 30대에 평생의 직업을 결정했던 사람의 성공률이 높았다는 것입니다.

창업자의 경우는 대개 20대가 50%, 30대가 40%, 나머지 10%은 40대였다고 하는 것입니다.

모든 이들이 그런 것은 아니지만 대부분의 사람들은 20년마다 전기(轉機)가 온다고 하는데, 20대에 뜻을 세워서 40대에 그 기반에서 일하다가 60대에 종결짓는 것입니다.

대기업에 종사하는 직원들 중 40%가 첫 회사에 근속한 사람이고, 80% 이상이 그들의 성공은 '현재의 회사에서 오랜 경험 덕분이며 회사에 충성을 다하는 것이 중요하다'고 강하게 느끼고 있음은 많은 설문조사가 이를 증명하고 있습니다.

이처럼 성공한 사람들의 가정적 배경과 직업적 특징은 성공적인 삶을 살기 원하는 우리에게 많은 교훈을 주고 있습니다.
따라서 오늘 우리는 조상 때문에 내가 축복을 받지 못한다 하더라도 나로 인해서 내 자손이 축복을 받을 수 있는 기초를 닦아야 할 것입니다.

성공자와 종교

지그 지글러 박사(Zig Ziglar)는 세상 사람들을 두 가지 종류로 나누고 있습니다.
첫째는 자기 뜻대로 살겠다고 독립 선언한 사람과
둘째는 하나님의 뜻대로 살겠다고 종속 선언한 사람입니다.
또한 그는 성공적으로 산 사람들의 98%가 바로 종속 선언한 사람이었음을 지적하면서 그 이유는 단 한 가지 '적극적 믿음'이라고 하였습니다.

마이클 코다(Michael Korda)는 더 나아가 기독교 내에서 교파 간의 백분율을 연구하였는데, 미국의 성공적 간부의 20%가 감독교 회원(Episcopalian)이고, 다음이 장로교·감리교·유대교이며, 침례교와 가톨릭은 비율이 낮은 편이었다고 합니다.
이는 결코 교파를 따지자는 것이 아닙니다.
다만 '하나님의 능력 안에서 사는 그리스도인들이 어떻게 긍정적 생을 살고 있는가?'를 입증해 보자는 것입니다.

이에 마이클 코다는 다음과 같이 말합니다.

"어떤 방법으로 쟁취한 성공이든 성공이란 현상은 이전에 비해 연대적으로 보다 빠른 시기에 일어나고 있는 듯이 보인다. 지금은 35세에서 44세 사이가 성공자로서 출발하느냐 혹은 평생 성공자가 되지 못하고 끝나느냐가 결정되는 시기가 되어 있다. 성공자들의 과반수가 45-49세까지의 연령층에 속하며, 돈을 버는 힘이 최고에 도달하는 것은 통상 50세이다."

하베이 C. 레만이 20년간에 걸쳐 연령과 업적과의 관계를 연구한 결과에서도 위의 사실은 인정됩니다.

레만은 18세기 이후 현대의 저명인사들을 대상으로 그들이 눈부시게 업적을 남긴 연령을 조사해 본 결과 대체적으로 30대에 그 업적이 이루어진 이유를 다음과 같이 설명하고 있습니다.

- 30대는 풍부한 에너지가 있다.

  성공에 요구되는 인내와 끈기와 집중력의 에너지가 왕성한 시기가 바로 30대이다.

- 30대는 야심에 찬 욕망이 있다.

- 30대는 주위 환경이 비교적 복잡하지 않다.

  오랜 사회생활이 인간에게 쉽게 벗어나기 힘든 그물을 씌우게 되고, 그 그물이 새로운 세계로의 도약을 가로막을 수밖에 없지만, 30대는 비교적 단조롭다.

- 30대는 끈기가 있고 움직이기 쉽다.

  30대는 의욕이 강해서 행동이 민첩하고 탄력을 갖고 있어서 외부의 자극에 민첩하게 대처하는 능력이 주어진다.

  판단이 잘못되었다고 느껴지면 즉각 결단해서 잘못과 시행착오에서 벗어나는 데 용이하다.

- 30대는 주목을 받고 있다는 의식에 차 있다.

  자기 주위에서 장래에 대해 고무적으로 격려하고 예의 주시하는 보이지 않는 성원을 받고 있다.

  사소한 잘못을 관용으로 받아 주는 것은 이 사회에 젊은이에게 주는 특권이다.

실제로 미국에서 존 록펠러(John Rockefeller)는 31세에 스탠더드 석유회사(Standard Oil)를 설립하여 성공의 길을 걸었고, 30대 초반의 마크 홉킨스(Mark Hopkins), 로버트 허친스(Robert Hutchins)는 각각 윌리엄 대학교 총장, 시카고 대학교 총장 자리에 올랐으며, 영국의 앤드류 카네기(Andrew Carnegie)는 28세에 철강왕이 되었습니다.

30대의 젊은이들만 성공의 열쇠(Key)를 쥐고 있다는 배타적인 이론을 강조하는 것은 아닙니다.

타티안(Tatian)은 98세에 그의 거작(巨作)인 '르판트의 전쟁'을, 99세에는 '마지막 만찬'을 완성했습니다.

결론은 "눈물을 흘리며 씨를 뿌리는 자는 기쁨으로 거두리라"(시 126:5)는 성경 말씀으로의 귀결(歸結)이며, 하나님께서 이 모든 것을 성취하시고, 우리는 최선을 다할 뿐이라는 것입니다.

"마음의 경영은 사람에게 있어도 말의 응답은 여호와께로부터 나오느니라"(잠 16:1)

'한 알의 씨가 땅에 떨어져서 많은 열매를 맺을 수 있다'는 주님의 교훈은 신앙 세계 밖에서도 널리 애용되는 진리이며, 성공적인 삶의 열매를 바라는 성도들에게 삶의 보편적인 자세가 어떠해야 하는지를 가르쳐 주는 귀한 진리입니다.

성공하기를 원하십니까?
'심고 뿌리는' 생활을 해야 합니다.
씨앗은 땅에 뿌려지고 심겨질 때 그 의미와 가치가 있습니다.

우리 속담에 '미련한 농사꾼이 씨앗 주머니를 베고 죽는다'는 말이 있는데, 씨앗을 뿌리고 심으면 열매를 얻어 굶어 죽지 않을 텐데 그것을 아까워하다 굶어 죽으니 얼마나 어리석은 사람인가를 빗댄 말입니다.

성공적인 삶은 이 땅에서 베풀고 아낌없이 주는 삶입니다.
마음과 물질과 재능을 이 세계에 베푸는 사람만이 참된 인생의 가치와 보람을 맛볼 것이며, 영원한 승리자들이 될 것입니다.
심지도 않고, 뿌리지도 않으면서 거두려고만 하는 것은 어리석은 사람들의 온당(穩當)하지 못한 사고입니다.
이것이 바로 성경이 말하는 성공의 비결입니다.

성공자와 친구

성공자에게 있어 친구는 어떤 존재일까요?
이 세상에 독불장군(獨不將軍)은 없습니다.
혼자서는 성공적 삶을 살아갈 수 없습니다.

겨울 철새 가운데 기러기는 본능적으로 협동 행동의 가치를 잘 아는 신기한 새입니다.
그들은 항상 V자형을 그리면서 맨 앞에 날아가는 지도자를 정기적으로 바꾸어 날아갑니다.
지도자는 공기를 가르고 자기의 왼쪽과 오른쪽 기러기를 위하여 부분적인 공간 상태를 만들어 줍니다.
그러면 뒤의 기러기는 앞의 것 때문에 빨리 날 수 있습니다.

과학자들은 공기의 터널시험으로 기러기 집단을 연구하여, '개개의 기러기가 날 수 있는 것보다 75%나 더 멀리 날 수 있다'는 결과를 발표했습니다.
협동하면 더 멀리 날 수 있습니다.

그래서 조지 매튜 아담스(George Mathew Adams)는 "다른 사람이 오르는 것을 도와주는 자만이 가장 높이 오를 수 있다."고 말했습니다.

그렇다면 친구 수는 어느 정도가 적당할까요?
영국 격언에 '만찬에 초대하는 인원수는 카리테스 여신보다는 많게, 무사이(뮤즈) 여신보다는 적게 하라'는 말이 있습니다.
'카리테스'(Charites)는 기쁨과 광휘(光輝), 그리고 개화(開花)를 관장하는 미(美)의 3신이며, '무사이'(Musai)는 문예와 학예를 관장하는 9명의 여신입니다.
그러므로 '4명에서 8명 사이의 인원이 만찬회의 초대 인원으로 적당하다'는 말이 됩니다.

또한 베럴슨(Berelson)과 스타이너(Steiner)는 '회의를 위해서는 5명에서 7명이 적합하다'고 지적했고, '파킨슨의 법칙' 저자 시릴 파킨슨(Cyril Northcote Parkinson)은 팀워크를 발휘할 수 있는 최적의 인원을 다섯 명으로 보고 있습니다.

이렇게 볼 때 서로 생사(生死)를 나누어도 좋은 동역자나 친구는 5명 정도가 적합하다는 가설을 세울 수 있습니다.
폭넓은 교제(交際)와 처세(處世)는 성공자들의 특징입니다.
그러나 의외로 돈독한 우정을 나눈 친구는 적다는 것도 하나의 정설입니다.

사람은 혼자서는 살 수 없도록 지음 받았습니다.
함께 살아가는 존재인 것입니다.
만약 혼자서 살아가면 고독(孤獨)이나 어려움에 처했을 때 어떻게 헤쳐 나갈 수 있겠습니까?

교제는 혼자가 아니라 '함께'라는 확인의 장이 되며, 성공적인 삶을 살아가는 데 필수적인 요건이 되는 것입니다.

우리는 이제까지 '성공자들의 프로필에 나타난 특징'에 대하여 살펴보았습니다.
좋아하면 닮는 것이 우리의 마음입니다.
바라보면 가까이 가게 됩니다.
매력을 느끼면 끌리게 되고, 소원하면 소유하게 됩니다.
성공적인 삶을 살아간 선배를 닮고, 그를 바라보며 그에게 매력을 느끼고 그와 같은 사람이 되도록 노력한다는 것, 그리고 이들의 로맹적인 생각과 돈키호테적 행동을 조화시켜 들여다보는 것은 성공을 위한 첫 걸음입니다.

우리는 성경의 사건과 인물들 속에서 아브라함으로 인해 이삭이 축복을 받고, 다윗으로 인해 솔로몬이 축복을 받은 것처럼, 가정적인 배경은 성공과 실패에 큰 영향을 미치게 됨을 봅니다.
'가정적 배경과 직업, 그리고 종교와 친구 관계'는 성공과 실패에 있어 매우 중요한 요소입니다.
따라서 오늘 우리는 비록 내가 조상(祖上)으로 인해서 축복을 받지 못했다 하더라도 이러한 관계를 잘 맺음으로 나로 인해서 내 자손들이 축복을 받는 기초를 쌓아야 합니다.

물질적 유산보다는 신앙적 유산이 더 중요합니다.
유형적 유산보다는 무형적 유산이 성공적 삶에 더 큰 영향을 미침을 깨달아야 하는 것입니다.

성공을 위한 베이직 트레이닝

❖ 하루 일과를 마친 후 반성과 피드백 시간을 가져라

목표를 벗어나면 시간을 낭비할 가능성이 많습니다.
하루의 시간을 비전, 목표, 계획과 관련지어 분배하십시오.
당신이 매일 하는 일을 객관적으로 살펴보고, 하루의 일과 목표
가 일치하지 않을 때는 재조정하십시오.
그리고 하루 일과를 마치면 반성과 피드백 시간을 가지십시오.

피드백의 내용이 기대와 다르게 나올까 염려하지 말고 적극적으
로 피드백을 가져 보는 것입니다.
무엇을 잘하고 실수했는지, 개선과 성장을 위해 다음에는 무엇을
어떻게 해야 더 잘할 수 있을지를 생각해 보는 것입니다.
그리고 이 반성과 피드백을 당신의 성장을 위한 자원과 에너지
로 활용하는 것입니다.

❖ 베이직 트레이닝

1. 하루 일과를 마친 후 시간을 내어 자신이 매일 하고 있는 일을
   장기적인 비전과 목표 그리고 책임에 맞게 재조정하십시오.
2. 각각의 일에 지난 번 무엇을 잘했는지 그리고 이번에는 무엇
   을 다르게 할 수 있는지를 적어보십시오.
   잘한 것 :
   다르게 할 수 있는 것 :
3. 직장에서 우리의 하루 목표는 무엇입니까?
   이 목표가 우리 자신의 장기적인 비전과 관련이 있습니까?
4. 반성과 피드백을 한 후 새로운 방법을 적용했을 때 우리의
   일이 어떻게 변했습니까?
5. 열린 마음으로 피드백을 할 때 우리는 무엇을 배웠습니까?

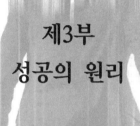

제3부
성공의 원리

한 것만큼 된다!

성공의 원리

자기 달란트 개발

자기 개선

한 것만큼 된다!

'성공은 어떻게 할 수 있는가?'라는 질문이 거창한 것 같지만 실상은 그렇지 않습니다.

성공은 '하는 것이다'라는 말로 대변되는 너무도 쉽고 간단한 것입니다.

사람이 가지고 있는 능력은 하는(행동) 데서만 발휘됩니다.

성공을 하려는 데만 탐하지 말고, '하면 된다'는 소박한 개념부터 확보하고 이 개념을 끊임없이 반복 · 지속하는 것이 필요합니다.

왜냐하면 그것이 너무도 엄연한 사실(事實)이기 때문입니다.

성공자가 사과를 먹고 싶다고 가정해 보십시오.

그는 사과를 '어떻게 만들 것인가?' 생각만 하지 않습니다.

그렇게 생각하기보다는 밭에 사과 씨를 심을 것입니다.

그렇습니다.

무슨 일이든지 그 일이 어렵든, 쉽든 시작하는 것입니다.

물론 '효율적으로 되느냐? 비효율적으로 되느냐?' 하는 것은 있지만, 전혀 되지 않는 것은 아닙니다.

'하면 된다'는 것부터 터득한 후에 시작하면 됩니다.

만약 오늘 100,000원이 필요하다고 가정해 봅시다.

그 100,000원원을 벌기 위해서 가게에서 치약 20개를 빌려다가 모퉁이 길가에서 장사하여 팔았다고 생각해 보십시오.

한 개에 5,000원씩 남기게 되면 100,000원을 벌게 되지만, 판매 방법이 미숙하거나, 자기 열정의 수치심 때문에 10개밖에 팔지 못했다고 해도, 결코 안 된 것은 아닙니다.

다만 기대보다 적게 된 것뿐입니다.

그렇다면 안 되는 이유는 무엇입니까?

아무것도 하지 않았기 때문입니다.

반대로 되는 것은 실천을 했기 때문입니다.

많은 사람들이 성공을 못하는 이유 중에 하나는 너무 욕심을 부리고, 너무 큰 기대를 갖기 때문입니다.

되는 데까지만 하면 반드시 되는 법입니다.

적게 되고 많이 되는 것으로 판단(判斷)하지 말아야 합니다.

'한다'는 기쁨과 '했다'는 성취감만으로 만족하면 성공하게 되는 것입니다.

모든 실패자들의 함정(陷穽)은 '모든 것이 갖추어지지 않으면 하지 말아야 한다'는 생각 때문입니다.

　　태산이 높다 하되 하늘 아래 뫼이로다
　　오르고 또 오르면 못 오르리 없건만
　　사람이 제 아니 오르고 뫼만 높다 하더라

이 시문에서 '태산'(泰山)을 삽으로 다 파서 옮기려고 생각해 보니 불도저와 포클레인과 트럭으로도 몇 백 년을 파내야 된다는 것을 알았다고 가정해 보십시오.

그래서 도저히 불가능하다고 자포자기했다고 합시다.

그러면 아무것도 된 것이 없을 것입니다.

그러나 반대로 '하루라도 파내 보자'고 생각하면서 삽을 들이댔다면 판 것만큼은 파낸 것입니다.

즉, '한 것만큼'은 되는 것입니다.

이 원리를 모르고 성공하려고 덤비는 사람이 있다면 욕심꾸러기이지 성공의 법칙을 아는 사람은 아닙니다.

만일 우리가 세계에서 제일가는 갑부(甲富)가 되려면 어떻게 해야 할까요?

먼저 큰 생산 공장을 세우고 대량생산을 하여, 국제적으로 판매망을 넓혀가며 '세일'(sale)을 해야 할 것입니다.

그런데 이 같은 것을 운영할 자본이나 재정 능력이 없다고 가정했을 때 성공자는 자신이 직접 제품을 들고나가 판매하여 훗날 큰 성공을 이루지만, 실패자는 부족한 자본금을 탓하며 좌절하여 아무것도 시도하지 않으므로 실패자로 남게 됩니다.

성공은 '한 것만큼 된다'는 공식을 기억합시다.

'시작이 절반이다'라는 격언이 있습니다.

미국에서는 '시작이 90%'라고 말합니다.

성공하려는 큰 욕심보다는 시작하려는 의지가 필요합니다.

예수께서는 그의 천국복음 신앙으로 인류를 구원하기 위해 3년이란 긴 세월 동안 겨우 12명의 동역자를 얻으셨습니다.

개척교회를 시작하는 목회자가 '10만 명의 교인이 운집해야 한다'는 강박 관념에 사로잡히면 시작조차 하지 못하게 됩니다.

오늘 단 한 명을 찾아 나서면 되는 것입니다.

3년 동안 전도하여 12명만 찾아내도 되는 것입니다.

큰 무역을 하려는 사람이 수만 개의 컨테이너를 선박에 실을 것부터 생각하지 말고, 팔고 싶은 것을 오늘 한 개만이라도 외국에 있는 친구나 무역상에게 선물로 제공하는 것입니다.

그가 놀라서 "당신의 선물이 너무 좋았다. 감사하다."라고 말하면, 그때 그에게 '1/10값으로 줄 테니 주변의 지인 열 사람만 소개해 달라'고 부탁하십시오.

그 열 사람이 가지고 있는 것을 본 사람들에게 5/10 · 8/10 · 10/10으로 계속 제공하게 될 것입니다.

한 개를 선물한 사람은 10만 개를 팔 수 있습니다.

따라서 10만 개를 팔려는 사람은 단 한 개부터 접근할 수 있어야 합니다.

많은 성공자들이 이 방법을 통하여 큰 부자가 된 것입니다.

여러분은 왜 주저(躊躇)하십니까?

여러분과 가장 가까운 옆에 성공의 원리를 두고, 멀리서 찾으려고 했기 때문입니다.

이러한 사실을 소극적인 태도로 받아들이면 안 됩니다.

형편이 전혀 불가능한 처지에 있다 할지라도 자기가 할 수 있는 데까지 실천하면 '한 것만큼은 반드시 된다'는 것입니다.

실패자들의 공통된 사고는 '모든 것이 갖추어져 있어야 할 수 있다'고 하는 것입니다.

실패자들의 공통된 특징은 이 고정관념에서 한 발자국도 벗어나지 못하는 경직된 사고를 가지고 있기 때문입니다.

할 수 있는 것을 실행하십시오.

시작이 90%입니다.

실행하면 실행한 만큼은 얻을 수 있습니다.

적은 것을 무시해서는 안 됩니다.

티끌 모아 태산입니다.

빗방울이 모여 강과 바다가 됩니다.

모래알이 쌓여 태산을 이룹니다.

천리 길도 한 걸음부터 시작됩니다.

왜 이 사실을 믿지 않습니까?

그것은 과욕으로 달아 오른 자아의 탐심의 수렁에서 자기 자신을 건져 내지 못하기 때문입니다.

여기서 빠져 나올 수 있다면 이미 당신은 성공자로서 모든 준비가 되어 있는 것입니다.

다음은 성공 능력 테스트입니다.

　① 작은 일, 가장 쉬운 일부터 생각하라.

　② 가장 쉬운 것부터 가장 먼저 실천에 옮겨 보라.

　③ 가장 큰 것을 얻고자 하는 욕심을 피하라.

　④ 로마도 벽돌 한 장부터 쌓아 올린 것이다.

　⑤ 오늘 치약 2개만 판매해 보라.

　⑥ 내일 비누 3개만 팔아 보라.

그러면 당신은 몇 날 못 되어 세계 치약과 비누 사업 분야를 석권(席卷)할 수 있는 자질이 이미 확보된 셈입니다.

또한 당신 자신을 온 인류 앞에 세일할 때는 세기의 영웅으로 정상에 올라 있을 것입니다.

가장 작은 일, 가장 쉬운 것이라고 지나쳐버리는 습관을 제거하고, 하나에서부터 출발하는 것입니다.

새로운 출발이 새로운 성공적 영웅을 만들어 냅니다.

인생은 세일(Sale)로부터 출발하는 것입니다.

이 원리를 깨달아야 성공합니다.

엄밀한 의미로 분석해보면,

- 교사는 자기 지식을 Sale하는 것입니다.
- 경제인은 자기 물건을 Sale하는 것입니다.
- 정치인은 자기 정책을 Sale하는 것입니다.
- 종교인은 내세의 천국을 Sale하는 것입니다.
- 과학자는 자기 기술을 Sale하는 것입니다.
- 연예인은 자기 연기를 Sale하는 것입니다.
- 예수님도 십자가 위에서 자기의 사랑을 Sale한 것입니다.

Sale(세일)이란?

'판매·공급·선전·서비스·충성·봉사·교제한다', '대신하다, 받들어 섬긴다, 편의를 제공한다'는 모든 언어가 담겨 있는 복합어인 것입니다.

그러므로 인생의 성공은 '누가 Sale을 가장 잘할 수 있는가?'에 달려 있습니다.

사람들이 날마다 사용하는 비누나 치약 하나도 Sale할 수 없는 사람이 자기 인생을 Sale할 수 있겠습니까?

성공을 위한 베이직 트레이닝

❖ 문제 해결에 초점을 맞춰라

성공한 사람들은 목표를 정하신 후에 사람들에게 말함으로써 목표를 보다 분명히 하였다고 합니다.

그래서일까요?

성공하는 사람은 문제가 생겼을 때 해결 방법을 찾는 반면에 실패하는 사람은 문제에 자신을 파묻어버립니다.

그러나 문제 해결에 초점을 맞춘 사람은 문제 상황이 생겨도 당황하거나 낙담하지 않습니다.

우리의 목표가 크다는 생각을 하십니까?

그렇다면 목표에 대하여 실행 가능한 계획들을 만들어보십시오.

목표를 달성하려면 매주 반복하여 보거나 필요할 때 다시 조정할 수 있습니다.

목표를 글로 적어보고 다른 사람에게 이야기한다면 당신은 목표에 집중할 수 있고, 달성하는 결과를 얻을 것입니다.

❖ 베이직 트레이닝

1. 문제를 해결 중심으로 보았을 때 나는 무엇을 느꼈습니까?
2. 문제의 해결 방법을 보았을 때 나는 무엇을 경험하였습니까?
3. 지금 우리가 해결해야 하는 문제는 무엇이며, 우리가 받아들여야 하는 현실은 무엇입니까?
4. 우리가 찾아낸 해결 방법은 무엇이며, 어려운 상황을 받아들이기 위해 우리가 포기해야 할 것은 무엇입니까?
5. 해결 방법을 사용할 때 어떤 긍정적 효과가 파급될 것이며, 우리가 현실을 받아들임으로 어떤 가치를 구현할 수 있습니까?

달란트를 개발하라

인간의 달란트는 주어지는 것일까요?
아니면 만들어지는 것일까요?

'지혜'(智慧)와 '지식'(知識)은 가장 가까우면서도 가장 간격이 긴 철로라는 생각이 듭니다.

'지식'이 후천적이라면, '지혜'는 선천적이라 할 수 있습니다.

'지식'을 터득하는 것은 교사·학교·교육을 통해서 얻어질 수 있는 것이지만, '지혜'는 학문이나 교육으로 얻어지는 것이 아닌 기질(器質)로서 타고난 재질에 가까운 것입니다.

이러한 선천적인 기질로서의 '지혜'와 후천적인 노력으로의 '지식'이 결합될 때, 이것을 '달란트'라고 하는 것입니다.

'지혜'와 '지식', 이 두 가지를 잘 관찰해서 개발하는 것을 '달란트 개발'이라고 합니다.

성공은 달란트 개발과 절대적인 관계를 갖고 있으며, 교육이란 이 타고난 기질(소질)의 재질인 달란트를 잘 개발하도록 연마하는 것입니다.

그러므로 모든 사람들을 교육을 먼저 시킬 것이 아니라, 그 개개인의 달란트를 세밀하게 측정한 후에 그 달란트 개발에 맞는 교육 프로그램을 짜서 교육 훈련에 임해야 성공자로 양성할 수 있는 것입니다.

그렇다면 개인의 타고난 달란트를 어떻게 개발해야 할까요?

- 타고난 재질을 조기에 발견해내야 한다(빠를수록 좋다).
- 목표와 사명을 설정해 놓고 출발해야 한다.
- 성취 과정에 있어서 적절한 방법을 개발해야 한다.
- 중단 없는 전진을 해야 한다.

그렇다면 주어진 재질의 조기 발견이란 무엇일까요?
여러분은 다음의 문제를 생각해 보신 적이 있습니까?

'사람은 막연하게 던져진 주사위인가? 아니면 풀 한 포기,
꽃 한 송이도 존재의 목적이 있는 것처럼, 우주에 존재하는
모든 것에는 존재의 목적이 있는 것인가?'

인간은 이 문제에 대해 '어떤 철학을 갖느냐?'에 따라 삶
의 척도는 확연(確然)히 달라집니다.

우주와 창조된 만물은 작고 미미한 것 하나라도 '무의미·
무가치·무계획·무질서'한 것들로 존재하지 않고, 분명한 의
미가 담겨 있습니다.

우리는 그것들이 각각의 독특한 가치를 지니고 있고, 세심
한 계획의 흔적이 서려 있으며, 0.1mm의 편차도 없이 잘 짜
인 것들로 존재하고 있음을 잘 알고 있습니다.

또한 그 존재 하나 하나가 그것에 맞는 '특질'(特質)을 갖고
있다는 것도 잘 알고 있습니다.

무생물도 모두 특질을 가지고 있습니다.

만물의 영장이라는 인간 역시 각 사람마다 모두 각자 자신
들만의 '특질'을 가지고 태어납니다.

우리는 이것을 '선천적 재질'이라고 합니다.

사람마다 다른 재질을 자세히 관찰해 보십시오.

얼굴 모습이 다릅니다.

지문(指紋)과 족문(足紋)이 다릅니다.

머리카락 색깔이 다릅니다.

체위(體位)도 다릅니다.

재질 역시 각자가 다릅니다.

이 재질을 가리켜 '개인적 달란트'라고 일컫는 것입니다.

이것은 교육받기 이전에 이미 선천적으로 존재 속에 지니고 있는 것입니다.

성공자들은 이 '재질(달란트)'을 조기 발견하여 조기 개발에 노력'함으로써 성공에 이르게 되는 것입니다.

만일 선천적 재질을 늦게 발견하거나, 아예 자신에게 선천적 재질이 있음을 깨닫지 못한 채 방치한다면 이 사람은 인생을 허비해 버리거나, 혹은 방황하다가 실패자가 되기 쉽습니다.

말년에 인생의 실패자들을 대상으로 한 설문조사에서 나타난 결과에 의하면, 이들은 자기 장래의 성공적인 삶에 대해서 깊이 상담해 본 일이 거의 없거나, 혹은 재질이 무엇인지 관심조차 없는 것으로 나타났습니다.

또한 자기 자신의 달란트를 조기에 발견하여 개발해 주지 못하고, 그 귀한 인생을 실패의 구렁텅이로 몰아넣은 결과를 초래하고 만 것입니다.

모든 어린이들이 한 교실 내에서 같은 내용의 공부를 한다고 해서 교사들이 같은 특질을 지닌 어린이로 취급하고 교육하고 있다면 이것은 어처구니없는 생각입니다.

왜냐하면 이들은 같은 교실 안에서 같은 교과서를 가지고 같은 교사에게 교육을 받으면서도, 제각기 자기 특질에 따라 교육 내용을 받아들이고 흡수하고 있기 때문입니다.

마치 똑같은 태양을 받아 꽃을 피우지만 그 꽃들이 지니고 있는 특질에 따라 빨강 · 파랑 · 노랑 · 보라 형형색색(形形色色)의 꽃을 피우는 것과 마찬가지 원리입니다.

달란트(재질)를 조기에 발견할수록 성공은 빠른 것입니다.

달란트는 어릴 때에는 세심하게 관찰해야 발견이 됩니다.

그러나 나이가 들고, 성장될수록 현저하게 나타납니다.

그런데도 성인이 되어서도 자기 달란트를 찾지 못해 인생을 방황하는 사람들이 허다합니다.

자기 재질과 맞지 않는 상황에서 아무리 노력한다고 할지라도 생활이나 부지하는 정도일 뿐 성공은 어려운 것입니다.

'늦었다고 생각이 들 때가 오히려 적기'라는 말이 있습니다.

지금 당신의 달란트를 측정해서 찾아보는 것이 성공을 향한 출발의 첫 걸음인 것입니다.

그러므로 하던 일을 잠깐 멈추고 서서 자기 달란트를 찾아낸 다음에 목표를 향해 질주하는 것입니다.

그렇다면 우리의 달란트 측정 방법은 어떤 것이 있을까요?

사람의 달란트는 120방향의 우주만큼 크고 많다고 합니다. 그러나 여기서는 몇 가지 측정법만을 제시하고자 합니다.

① 눈빛과 인상, 골격, 체위와 손, 발을 살펴본다. = (외적)

② 성격, 성품, 재질과 가능성을 살펴본다. = (내적)

③ 좋아하는 것과 싫어하는 것을 살펴본다. = (본능적)

④ 짜고, 맵고, 쓰고, 시고, 달고, 떫은 것 중 어떤 음식을 좋아하는지 살펴본다. = (체질적)

⑤ 유전성에 대하여 3~4대까지 선대를 조사해 본다. = (유전적)

⑥ 하고 싶은 것과 하기 싫은 것을 살펴본다. = (의욕적)

⑦ 어느 방향에 명석(明晳)한가 살펴본다. = (예지적)

⑧ 학과목 중 어느 과목을 가장 잘 이해하는지 살펴본다. = (연구적)

⑨ 어떤 환경에서 성장했는지 살펴본다. = (환경적)

⑩ 무엇이 꼭 되고 싶은가? 그리고 될 수 있다고 확신하는가? 에 대하여 살펴본다. = (비전적)

이상의 10가지에 대해 관찰하고 조사하는 것입니다.

예지력(豫知力)을 통해 감지하고,

과학적 분석을 통해 종합 점수를 매겨 보는 것입니다.

이것을 자기가 성공하고 싶은 방향에 맞추어 점수를 내보면 거의 자기의 달란트가 측정될 수 있을 것입니다.

또한 아래와 같이 자타가 함께 측정해 보는 것도 아주 좋은 방법입니다.

① 학우 한 사람 한 사람을 대상으로 11명이 한 명을 평가해서 달란트를 객관적으로 측정(글이나 말로)해 보라. 〔대중의 평가〕

② 자기 자신이 스스로 자기를 측정한 후에 자기 자신의 달란트는 이것이라고 제시해 보라. 〔자기 스스로 평가〕

③ 교수나 성공자에게 자신의 달란트에 대해 평가해 달라고 부탁하라. 〔전문가의 평가〕

위에서 언급한 '재질'(달란트)은 목표와 직결되고, 설정된 '목표'는 한평생 수행(遂行)해야 할 '일감' 즉, '사명'과 직결됩니다.

여기서 '사명이란?' 한 인간에게 주어진 달란트를 잘 개발해서 목표에 도달하게 하는 한평생의 '일감'을 의미합니다.

사명은 인간이 살아가야 할 목적이 되며, 이 목적을 이루고 간 사람을 '성공한 사람'이라고 평가해 줍니다.

인간으로 태어나서 '내가 가진 재질'이 무엇이며, 이 재질을 잘 개발해서 이것을 통해 '내가 해야 할 일'이 무엇인지를 잃어버린다거나 달란트와 사명과 목표를 조기에 발견하지 못하면 남의 삶의 언저리를 기웃거리는 인생, 혹은 일평생(一平生) 떠돌아다니며 방황하는 덧없는 인생이 되고 맙니다.

이렇게 중요한 달란트를 관찰하기도 전에 선생님이나 부모님의 마음에 내키는 대로 밀어붙인다면 결국 나이가 들어서도 여전히 헤매는 인생이 될 수밖에 없기 때문에 미리미리 올바로 잡아주어야 합니다.

방황하다 끝내는 인생이 되지 않으려면 달란트 측정과 개발과 목표 설정을 통한 사명감에 심취되어야 하는 것입니다.

많은 사람들이 무한한 가능성을 지닌 자신의 두뇌를 과소평가하는 오류를 범하여 장래를 망치는 경우가 허다합니다.

인간은 출생 과정에서 수많은 정충(精忠)들이 동시에 출발하여 난자에 침투를 시도하는데, 가장 강력한 특질을 가진 정충이 약 1억 5천만대 1의 경쟁을 뚫고 사람으로 잉태되는 것입니다.

인간의 두뇌는 '좌측 뇌'와 '우측 뇌'로 나뉘어져 있습니다.

'좌측 뇌'는 전문적 · 분석적 · 계산적인 데 비해, '우측 뇌'는 예술적 · 합리적 · 종합적입니다.

우리의 언행 하나하나와 보고 느끼는 것 하나하나가 '연수'(하뇌)에서 분리되어 좌뇌와 우뇌로 보내어 지는 것입니다.

예를 들어, "이 아름다운 꽃을 보라!"고 말하면 우뇌를 자극하여 우뇌를 발달시킵니다.

"이 아름다운 꽃 중에 하얀 꽃이 몇 송이인가?"를 질문하면 이는 좌측 뇌를 자극하고, 좌측 뇌를 발달시킵니다.

달란트를 발달시키는 것도 자기가 어느 쪽 뇌를 더 자극시키느냐에 따라 그 결과가 나타나는 것입니다.

그러므로 성취 과정에 있어서 '방법 개발'은

- 자기의 달란트가 측정·개발되고,
- 목표적 사명이 설정되었으며,
- 늘 마음과 입으로 목표와 사명을 시인해야 합니다.
- 자기를 사명의 방향으로 의도적으로 유도해야 합니다.
- 자기 목표에 대해 흥미를 유발시켜야 합니다.
- 책, 영화감상, TV프로그램, 취미생활도 그쪽으로 유도합니다.
- 자기 목표 분야에서 가장 성공한 분을 찾아가 지도를 받습니다.
- 그분의 자서전이나 체험담을 자주 들어야 합니다.
- 목표에 대한 간절한 기도를 만들어 매일 묵상하고, 자기를 묶어야 합니다.
- 무의식이 의식화되도록 자기를 훈련에 몰입시킵니다.

성취 방법에는 여러 가지가 있으나 가장 중요한 것은

첫째, 자기 재질에 따른 달란트 발견이며,

둘째, 달란트를 개발하는 데 적절한 프로그램 설정과 최선의 노력을 경주하여야 하며,

셋째, 목표를 설정하고 사명을 향해 질주하는 자아를 격려해 주는 것입니다.

그러므로

- 자기가 성취하고 싶은 달란트 목표 분야에서 가장 성공한 사람이 누구인가를 찾아서 기록하라. 그리고 연구 토론하라.
- 그 사람이 생존해 있다면 어떻게 해서든지 그분의 문하생이 되도록 희생을 감수하라.
- 만일 작고한 고인이라면 그분의 자서전이나 그분에 대한 역사를 연구하라.

• 그리고 자기가 설 곳을 설정하라.

성공은 중단 없는 전진입니다.

실패자들의 공통된 함정은 한 우물을 파다가 중단하거나 이리저리 옮겨 파는 것입니다.

'가다가 중단하면 아니 간 것만 못하다'는 말이 있습니다.

성공자들은 한 우물을 파는 사람들입니다.

알베르트 슈바이처 박사(Dr. Albert Schweitzer)는 성공을 묻는 젊은이들에게 "제발 인생을 여기 저기 기웃거리지 말고, 자기 적성에 맞으면 한 우물을 파라."고 대답했다고 합니다.

이것에는 '로마는 하루아침에 이루어진 것이 아니다'라는 의미가 담겨 있습니다.

예를 들어 보겠습니다.

한 엄마가 5살 된 어린 자녀에게 "얘야! 너는 장차 커서 무엇이 되고 싶니?" 하고 묻습니다.

어린이는 냉큼 "나 대통령이 될 거야!" 하고 대답합니다.

너무나 신기한 대답에 엄마는 흥분합니다.

그렇지만, 며칠 못 가서 엄마는 자기 자녀의 꿈과 비전의 가능성을 까마득하게 잊고, 어린이가 장래 꿈에 대해 고백한 내용을 망각 속에 잠재워 버릴 뿐 아니라, 자기 자녀의 꿈에 대한 성찰, 관찰, 의도적인 유도, 간구하는 기도, 그에 맞는 교육프로그램을 쉽게 포기한 채 방치(放置)했습니다.

어느덧 이 어린이는 자라서 10세가 되었습니다.

엄마는 또 묻습니다.

"얘야! 너는 자라서 이다음에 무엇이 되고 싶니?"

이에 어린이는 쉽게 대답합니다.

"선생님이 될 거예요!"

5년 전에 꿈꿨던 '대통령이 되겠다'는 장래희망이 5년 후에는 '선생님이 되고 싶다'는 희망으로 바뀌었습니다.

전자는 추상적(抽象的)인 꿈이라고 생각했고, 후자는 동경적(憧憬的)인 꿈이라고 생각했습니다.

엄마는 이것도 역시 대수롭지 않게 듣고, 간과해 버립니다.

이 엄마는 자기 자녀에게 '훌륭한 선생님이 되려면 어떻게 해야 된다'는 것을 의욕적으로 말해 주지도 않았고, 훌륭한 선생님이 되기 위한 교육프로그램도 구체적으로 제시해 주지 않았습니다.

그렇게 이 어린이는 15세 소년이 되었습니다.

엄마는 또 묻습니다.

"얘야! 너는 공부해서 무엇이 될 거니?"

이 소년은 또 쉽게 대답합니다.

"야구 선수가 되고 싶어요."

이제는 자신감마저 잃어버린 상태에서 '될 거예요'에서 '되고 싶어요'라는 언어로 바뀌고, 장래희망 역시 훌륭한 선생님에서 야구 선수로 그 방향을 전환했습니다.

여기서 엄마는 "얘! 네가 무슨 야구 선수가 되니? 야구 선수가 되려면 5살부터 야구공을 가지고 놀아야 한다는데 이제 와서 무엇을 한다고?" 하면서 핀잔을 줍니다.

이는 자녀에게 미치는 영향이 얼마나 충격적이고 좌절감을 자아내는지조차 아랑곳하지 않고 쉽게 불쑥 내던지는 말입니다.

이제 이 소년은 20세 청년이 되었습니다.

어머니는 또 물었습니다.

"넌 이제 무엇을 하려고 하니?"

이에 청년이 대답합니다.

"글쎄요, 되는 대로 살아야지요."

이 청년의 대답은 의욕이 상실되고 자신감과 열정이 다 꺼진 상태에서 이제부터 인생을 헤매보겠다는 대답인 것입니다.

이 얼마나 슬픈 이야기입니까?

혹시 이것이 여러분의 이야기는 아닙니까?

성공한 사람들의 특징이 무엇인지 아십니까?

그들은 좋은 부모와 좋은 선생님을 만나서 자신들에게 맞는 달란트를 발견하고, 달란트 교육을 받은 사람들입니다.

자신들의 달란트를 위하여 기도하고, 그 달란트를 개발하기 위하여 중단 없는 훈련을 받은 사람들입니다.

성공한 사람들의 부모와 선생님은 결코 방목상태에 성공자들을 버려두지 않았던 것입니다.

그러므로 지금부터라도 여러분만의 자기 달란트를 관찰하여 찾아내십시오.

그리고 이 달란트를 개발하여 삶과 접목시키십시오.

그 달란트에 따른 목표와 사명을 설정하십시오.

그리고 중단 없이 전진하는 것입니다.

그러면 여러분도 반드시 성공에 이르게 될 것입니다.

성공을 위한 베이직 트레이닝

❖ 장기적인 관점에서 평가하고 예상하라

성공한 사람이 되려면 장기적인 관점을 가져야 합니다.

단기적인 해결책이나 일시적인 방법, 즉흥적인 행동보다는 장기적인 관점을 자기 행동의 기준으로 삼아야 합니다.

장기적인 관점에서 목표와 계획을 수립하고,

목표와 계획을 재조정하며,

목표와 계획을 확인하고,

목표와 계획을 평가하는 시간을 가져야 합니다.

이렇게 할 때 우리는 지속적으로 성장할 것입니다.

위기 상황에서도 마음의 평정을 유지하고 그 상황에 대해 유연하게 대처할 수 있게 될 것입니다.

우리 스스로 노력과 행동을 측정하면 이루고자 하는 목표를 더잘 성취할 수 있을 것입니다.

❖ 베이직 트레이닝

1. 우리에게서 장기적인 관점이 도움이 될 만한 상황이 무엇입니까?

2. 장기적인 관점이 우리의 감정을 어떻게 조절하였습니까?

3. 장기적인 관점이 위기의 상황에 어떤 변화를 가져올까요?

4. 우리는 우리의 목표를 어느 정도(%) 달성하였다고 생각하십니까? 그렇게 생각하는 이유가 무엇입니까?

5. 우리는 평소 우리의 업무 성취도를 어느 정도(%)로 평가하십니까?

6. 우리에 대한 평가도를 높이기 위해 우리가 더 노력해야 할 분야 혹은 태도는 무엇입니까?

7. 평가에 정직한 일주일의 생활이 우리에 대한 평가를 얼마나 높여주었다고 생각하십니까?

자기를 개선하라!

'개선'(改善)이란 '최선의 방향으로 고치다'라는 뜻입니다.
교육이란 것도 개선의 한 분야를 담당합니다.
그런데 여기에는 중요한 요소가 있습니다.
그것은 '어떤 방향으로 개선할 것인가?'입니다.
이는 자기의 장래를 운명 짓게 하는 중요한 요소입니다.

성공하기를 원하십니까?
그렇다면 자기 자신을 '좋은 사람'으로 개선하십시오.
옛 철인들은 인간을 '성악설'(性惡說: 순자)과 '성선설'(性善說: 맹자)
로 나누어서 변론(辯論)하였습니다.

다음은 좋은 사람으로 만드는 방법입니다.

첫째, 좋은 사람과 사귀라

나쁜 사람 곁에 서성거리거나 그들과 관계를 갖는 사람은
결코 좋은 사람이 되기가 어렵습니다.
왜냐하면 사람은 환경적인 동물이며, 강한 모방력(模倣力)을
지니고 태어났기 때문입니다.

모든 배움도 일종의 모방입니다.

인간이 '교육적 동물'이라는 말 속에는 '모방의 귀재'라는 뜻이 포함되어 있습니다.

따라서 좋은 사람을 골라서 사귈 필요가 있는 것입니다.

통계 발표에서도 '한 사람이 성공하기 위해서 친구의 영향을 70% 이상 받는다'고 하였습니다.

'나쁜 사람'이란 '남을 해치는 성품의 소유자'를 말합니다.

우리 속담에서도 '호랑이를 키운 사람과 호랑이를 곁에 둔 사람은 반드시 잡혀 먹힌다'고 하였습니다.

이러한 의미에서 우리가 억울한 일을 당했다고 할지라도 상대방을 해치겠다는 생각은 하지 말아야 합니다.

이는 좋은 사람과의 사귐에서 얻어진 것입니다.

'좋은 사람'은 '사랑이 충만한 사람'을 가리킵니다.

사랑에 대해서 보다 깊이 알고자 한다면 고린도전서 13장을 상고(詳考)하면서 읽어 보십시오.

둘째, 자기 자신을 '필요한 사람'으로 개선하라

'사람이면 다 사람인가? 사람다워야 사람이지'라는 말이 있습니다.

이 세상에는 세 종류의 사람이 있습니다.

   ① 있어서는 안 될 사람 = 거미와 같은 사람

   ② 있으나 마나한 사람 = 개미 같은 사람

   ③ 꼭 있어야 할 사람 = 꿀벌과 같은 사람

우리는 어디를 가나 무슨 일을 하든지 반드시 세 종류의 사람이 있음을 발견하게 됩니다.

'필요한 사람으로 개선'하는 방법은 '충성스런 자아'로 전환하는 것입니다.

술 취한 주인이 풀 섶 위에 누워 깊이 잠이 들었는데 큰불이 나서 타오르고 있었습니다.

이것을 본 개가 주인을 위해 몸에 물을 묻혀서 계속 불을 끄다가 불을 다 끈 후에 지쳐서 불에 타 죽었습니다.

우리는 이러한 개를 가리켜 '충견'(忠犬)이라고 합니다.

그래서 예로부터 '주인을 모독하거나 비방하거나 해치는 사람'을 '개만도 못한 놈'이라고 말해왔습니다.

어려울 때 돕는 심성을 가진 사람이 곧 필요한 사람입니다.

누구나 평상시(平常時)에는 필요를 느끼지 않습니다.

그러나 위급한 상황에는 누구나 필요한 사람을 찾습니다.

어려울 때 꼭 필요한 사람이 되십시오!

- 국가가 어려울 때 – 충국 열사가 나온다.
- 가정이 어려울 때 – 열부 열녀가 나온다.
- 이웃이 어려울 때 – 충성스러운 사람이 나온다.
- 교회가 어려울 때 – 순교자가 나온다.

고난이 닥쳤을 때 '배신자'와 '충성자'가 누구인지 가려집니다.

하나님이 인간들에게 시련(試鍊)을 주시는 이유는 '충성자'와 '배신자'를 골라내고자 시험하시는 것입니다.

욕심을 잉태한 사람은 자신의 욕심을 따라 배신자의 길로 들어서게 되지만, 성실한 사람은 자기 십자가를 지고, 충성자로서 최후의 승리자가 됩니다.

이 세상에 필요한 사람은 오직 충성스러운 사람입니다.

여러분이 그런 사람이 되어야 한다고 생각하지 않습니까?

이러한 사람이 반드시 성공합니다.
적장(敵將)도 배신자는 죽이지만, 충신(忠臣)은 살려줍니다.
우리에게도 이런 사람이 필요하지 않겠습니까?

이에 우리가 먼저 우리 자신을 충성자로 개선해야 합니다.
이 세상은 모든 분야에서 충성된 자를 목마르게 찾고 있습니다.
충성스러운 사람은 어디를 가나 반드시 필요한 사람입니다.

충성에는 희생과 손해가 따르는 법입니다.
그러나 손해를 계수하지 말고, 성공으로 계수합시다.
만일 주인이 갚지 않으면 하늘이 반드시 갚아 주십니다.
그러기에 충성된 자는 반드시 성공하게 되어 있습니다.

셋째, 자기 자신을 능력 있는 사람으로 개선하라.

신이 '참 되시다'는 것은 전지전능(全知全能)하기 때문입니다.
능력이 없는 사람은 거짓과 속임수와 술수를 좋아합니다.
여기서 '능력(能力)'이란 '정직(正直)한 힘'을 말합니다.
즉, '할 수 있되 정직하게 할 수 있는 것'을 의미합니다.

미국의 36대 대통령인 에이브러햄 링컨(Abraham Lincoln)은
"정의는 권력보다 낫다."고 외쳤습니다.
즉, 정직하고 의로운 것이 최고의 힘이라는 것입니다.

능력 있는 사람이란 매사를 정직하게 처리할 수 있는 힘을
가진 사람을 말합니다.
이 세상에서 성공한 사람들은 정직한 사람들입니다.
정직하고 의로운 사람은 능력 있는 사람입니다.
하늘과 땅에 대하여 한 점 부끄러움이 없는 사람은 능력
있는 사람입니다.

우리는 흔히 '정직한 사람이 손해 본다'는 말을 합니다.

그렇지만 이것은 부정을 조장하려는 사탄의 유혹입니다.

사탄의 상투적(常套的)인 언어인 것입니다.

그러므로 이 언어에 속지 말아야 합니다.

정직하게 사는 사람이 잠시 손해 볼 수는 있지만, 정직함으로 인해 성공하지 못한 사람은 거의 없을 것입니다.

정직은 노력에서 얻어집니다.

자신을 노력으로 개선하여 정직에 이르게 하면, 능력 있는 사람이 되는 것입니다.

따라서 사람을 속이지 않겠다고 결심하는 것입니다.

사람이 거짓의 껍질을 깨기가 가장 어렵습니다.

그러나 이 거짓의 껍질을 쓰고 있는 한, 성공 같으나 결국은 실패에 이르게 됩니다.

하늘은 진실한 사람에게 최후의 승리를 안겨줄 뿐 아니라, 진실한 사람이 결국은 성공자가 되는 것입니다.

넷째, 자기 자신을 섬기는 사람으로 개선하라

성경은 말합니다.

"남에게 대접을 받고자 하는 대로 남을 대접하고, 남에게 섬김을 받고자 하는 자는 먼저 남을 섬기라"(마 7:12)

삶 자체가 '봉사'입니다.

봉사는 '섬김'입니다.

예수께서는 섬김에 대하여 다음과 같이 말씀하셨습니다.

"인자가 온 것은 섬김을 받으려 함이 아니라 도리어 섬기려 하고 자기 목숨을 많은 사람의 대속물로 주려 함이니라"(마 20:28)

"너희 중에 누구든지 크고자 하는 자는 너희를 섬기는 자가
되고 너희 중에 누구든지 으뜸이 되고자 하는 자는 너희의
종이 되어야 하리라"(마 20:26-27)

어둡고, 무지하고, 패역한 세대에는 부리는 자, 착취하는
자, 권력으로 억압하는 자가 큰 소리를 쳤지만 21세기 이후
미래세대에는 '섬기는 자'가 으뜸이 될 것입니다.
성공이란 으뜸이 되는 것을 가르칩니다.
그러므로 으뜸은 섬기는 자의 몫입니다.

어머니가 이 세상에서 가장 존경받는 이유는 희생(犧牲)과
섬김을 다했기 때문이며, 아버지가 고속도로나 비행장을 건
설하고, 집을 짓고, 농사를 지었어도 어머니만큼의 존경을 받
지 못하는 이유는 희생은 했지만, 군림(君臨)했기 때문입니다.
따라서 으뜸이 되는 성공자가 되기를 원한다면 섬기는 자
가 되어야 합니다.

섬김에는 희생이 따르기 마련입니다.
그렇기 때문에 누구나 쉽게 희생하려 하지 않습니다.
그래도 성공한 사람들의 특징은 섬김이었습니다.
섬기는 자들은 대부분 온유(溫柔)하고 겸손(謙遜)한 성품을 지
니고 있기 때문에 자연스럽게 섬기는 삶을 사는 것입니다.

예수께서는 그 말씀을 듣고자 하는 자들을 향하여 "나는
마음이 온유하고 겸손하니 나의 멍에를 메고 내게 배우라"(마
11:29)고 하셨고, 또한 '온유한 자는 복이 있나니 그들이 땅을
기업으로 받을 것'(마 5:5)이라고 말씀하였습니다.
독한 사람, 악한 사람, 강한 사람이 이 세상을 차지한 것이
아니라, 온유하고 겸손한 사람이 이 세상을 차지한 것입니다.

사자가 땅을 차지하지 못했고, 소가 모든 들녘을 다 차지했습니다.

그렇기에 성공자는 온유하고, 겸손한 사람입니다.

따라서 자기 개선은 온유와 겸손으로 하여야 합니다.

모든 사람들은 강퍅한 사람을 피하고, 온유한 사람 곁에 머물기를 바라기 때문입니다.

다섯째, '일일일선'(一日一善)으로 자기를 선행에 훈련시켜라

하루 한 가지 지극히 작은 선행도 행할 수 없다면, 그는 성공할 기질을 타고나지 못한 자이기 때문일 것입니다.

이런 실화가 있습니다.

유명 대학교 교수 한 분이 어느 날 자신이 나그네 인생인 것을 깨닫게 되었습니다.

이에 교수는 하루에 한 가지씩 작은 것이라도 나그네들을 돕는 일을 하기로 작정하고 매일 실천에 옮겼습니다.

하루는 구두 닦는 사람과 외국인 여행객이 심히 말다툼을 하고 있었습니다.

교수가 자초지종(自初至終)을 듣고 외국인이라는 이유로 바가지 요금을 씌운 것이 화근이 되었음을 알게 되었습니다.

이에 이 교수는 구두 닦는 사람을 대신하여 자기가 죄인인 것처럼 사죄하고, 손해 입은 돈을 대신 되돌려주었습니다.

그리고 손해의 대가로 자기 학교 캠퍼스를 구경시켜 주었습니다.

이에 그 외국인은 기분 좋게 본국으로 돌아갔습니다.

몇 년 후 어느 날 미국의 큰 농장 주인이 죽으면서 "이 농장을 그 교수에게 상속해 주라"는 유언을 남겼습니다.

교수는 졸지에 미국의 대부호가 되었습니다.

우리는 이 이야기를 요행(僥倖)으로 매도해서는 안 됩니다.

우연과 요행은 성공자들의 사전에는 결코 없는 말입니다.

성공자들은 "사람이 무엇으로 심든지 그대로 거두리라"(갈 6:7)는 진리의 말씀을 믿을 뿐입니다.

이 세상의 모든 성공자는 자기 분야에서 선한 일에 가장 많이 봉사한 사람들이며, 자기 밭에 끊임없이 선한 씨앗을 심은 사람들입니다.

- 선행은 지극히 쉽고 작은 것부터 실행하라.
- 선행수첩을 만들고 매일 선행일지를 써라.
- 선행 그 자체보다 선행으로 길들여진 자아가 더 중요하다.

선행(善行)의 방법은 여러 가지가 있습니다.

그러나 가장 작고, 쉬운 것부터 실천하는 것입니다.

- 선한 언어로 남을 감동시키는 일을 하라.
- 1,000원을 100원씩 10사람을 구제하는 일을 하라.
- 마음속으로 타인의 성공을 기원해 주는 일을 하라.
- 봉사와 섬김으로 작은 희생이라도 보태는 일을 하라.

성경에서는 '선한 싸움을 싸우라'(딤전 6:12)고 하였습니다.

이는 '선한 일에 힘쓰고 애쓰라'는 의미입니다.

처음에는 선행이 귀찮고 어려운 것처럼 느껴질 것입니다.

그러나 숙달된 후에는 하루라도 선행을 하지 않고는 못 배기는 사람이 되어, 자신도 모르는 사이에 선행을 베푸는 자가 되고, 성공자가 되어 있을 것입니다.

이런 사람이 최후 순간 후회 없이 눈을 감을 수 있습니다.

이런 사람이 새 세상에서 첫째 부활에 참여하여 영생복락(永生福樂)과 영광(榮光)을 누리는 영원한 성공자가 될 것입니다.

성공을 위한 베이직 트레이닝

❖ 오늘 살아있다는 것에 감사하고 행복하라!

분명한 목표가 있으면 걱정거리가 생겨도 행복을 손상시키지 않습니다.

미래를 걱정하는 것으로 오늘의 행복을 훼손시키지 마십시오.

목표를 성취하는 것보다 성취과정에서 행복을 느낄 수 있습니다.

행복은 스스로 통제할 수 있습니다.

스스로에게 행복할 자격이 있다고 말하십시오.

오늘 행복하면 목표성취를 향해 전진할 수 있습니다.

오늘 살아있다는 것에 감사하고 행복하십시오.

행복은 당신의 몸과 마음을 건강하게 하고 당신의 삶을 향상시킬 것입니다.

❖ 베이직 트레이닝

1. 현재 행복하기 위해 우리가 할 수 있는 일은 무엇입니까?

2. 염려와 걱정대신 우리가 감사할 수 있는 일은 무엇입니까?

3. 행복하기 위해 우리가 멈추어야 할 걱정과 염려는 무엇입니까?

4. 하나님 앞에 감사와 염려거리를 아뢰고 묵상하였을 때 우리에게 어떤 느낌이 생겼습니까?

5. 스스로에게 행복한 삶을 살자고 다짐했을 때 우리에게 어떤 일이 일어났습니까?

6. 자신의 염려와 걱정과 감사거리, 그리고 목표를 기록하고, 하나님께 기도하고 묵상하십시오.

7. 하루, 한 주간, 한 달 동안 목표를 성취하는 과정에서 행복을 즐기십시오.

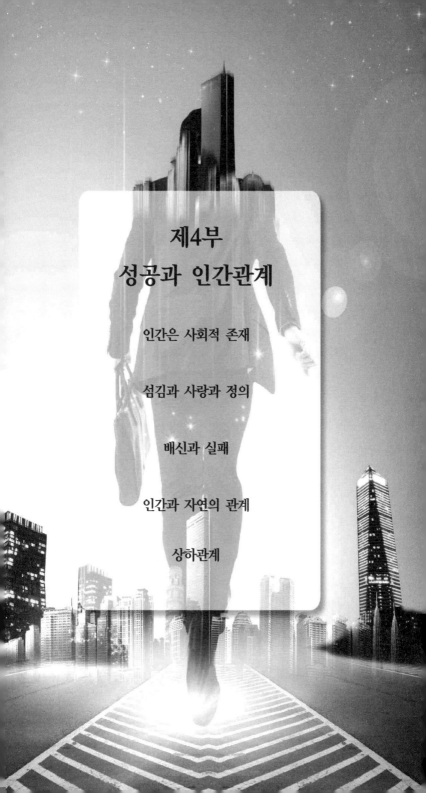

제4부
성공과 인간관계

인간은 사회적 존재

섬김과 사랑과 정의

배신과 실패

인간과 자연의 관계

상하관계

인간은 사회적 존재

아리스토텔레스는 '인간은 사회적 동물'이라고 말했습니다.
이 말의 뜻은 '인간은 더불어 살아가는 무리 집단의 삶의
외적 형태와 내적 속성(屬性)을 가지고 있다'는 의미입니다.

인간사회에서 이루어지는 정치 · 경제 · 사회 · 교육 · 종교 ·
군사 이 모든 것들이 인간 문화 속에서 형성된 '인간관계(人間
關係)에서 만들어진 것들입니다.
이에 인간은 '관계적 존재(關係的 存在)라고 정의되어야 합니다.

인간관계란 3가지 큰 축을 가지고 있습니다.
　　첫째, 인간과 신의 관계
　　둘째, 인간과 인간의 관계
　　셋째, 인간과 자연의 관계입니다.

인간과 신의 관계를 '종교'(宗敎)라고 말합니다.
'인간은 밥만 먹고는 살지 못한다'는 말은 인간들은 내면에
'영적인 삶'(Spiritual Life)을 가지고 있다는 의미입니다.
이것을 종교에서는 '영혼'(靈魂)이라고 하고,
일반 초등학문에서는 '정신'(精神)이라고 합니다.

　　"사람이 떡으로만 살 것이 아니요"(마 4:4)

성경의 이 말씀은 '영혼(정신)이 먹고사는 부분이 인간 속에 따로 있다'는 것입니다.

이것이 '종교'(宗敎)입니다.

그리고 '신앙'(信仰)입니다.

이것이 외적으로 삶의 현장에서 나타날 때는 '문화'가 되고, 내적으로 심령 속에 나타날 때는 '종교'(신앙)가 되는 것입니다.

그러므로 종교는 외부에서 만들어지는 것이 아닙니다.

인간의 내면에 존재하고 있는 것입니다.

그렇다면 종교(宗敎)의 기원(起源)을 어디에 두어야 할까요?

이는 학자들에 따라 3가지 견해를 갖습니다.

첫째, 인간의 두려움 때문에 종교가 발생했다.

둘째, 무지한 대중을 지배하기 위한 지배자들의 산물이다.

셋째, 신은 형상으로 깊은 자세가 종교의 기원이 되었다.

인간의 두려움과 종교의 관계

지상에 존재하는 모든 생물은 '두려움'을 갖습니다.

동물학자들의 말에 의하면 동물 중에서도 '토끼'가 두려움을 가장 많이 갖고 산다고 합니다.

토끼는 종교적인 삶을 살거나 종교를 만든 일도 없습니다.

두려움이 종교에 더욱 가까이 다가가도록 해주는 동기는 될 수 있을지 모르지만, 두려움 자체가 '종교의 기원'이 되는 것은 아닌 것입니다.

공자(孔子)의 어록에서는 지배자인 왕이 피지배자인 백성을 다스리는 데 '인간질서'를 세워 사람을 다스리는 관계윤리로 삼았다고 하여 지도자들의 산물이라고 말합니다.

이것도 '인간관계의 질서'로서의 가치를 부여할 수는 있지만 '신과의 관계에서만 성립되는 종교'에 이르지는 못합니다.

'종교'는 인간과 신의 관계에서 성립되는 것입니다.
인간과 인간의 관계에서 성립되는 것은 '윤리'입니다.

흔히 '인간은 만물의 영장(靈長)'이라고 말합니다.
이것은 인간 내면에는 신적(神的) 요소가 존위(存位)되어 있다는 의미입니다.
성경은 인간이 신(神)의 형상(形像)과 모양으로 창조되었고, 신의 속성(屬性)을 불어넣어 만들어진 'Imago dei'(하나님의 형상)라고 말합니다.
그렇기 때문에 인간은 신에 대한 갈망과 경외심을 갖습니다.

이것이 '종교'라는 언어로 표현되고 있습니다.
즉, '인간 속에 무엇이 내재되어 있느냐'에 따라 내면에서 분출되는 영혼(정신)적인 것과 외적으로는 '신적 계시를 통한 신과 인간의 만남(계시)에서 종교가 성립된다'고 보기 때문입니다.
따라서 종교는 인간과 두려움 관계에서 발생되었거나 인간과 인간의 윤리관계에서 산출되는 것이 아니라, '인간과 신의 관계에서 기원한다'고 본 것입니다.

성공을 위해서 '공을 들인다', '성공을 빈다'는 말이 있습니다.
이 같은 말은 모두가 종교적인 뜻을 가진 '축원(祝願)'입니다.
그러므로 인생에서 성공하려는 사람은 신과 인간의 관계를 정직하게 설정해야 합니다.
이것은 '우주와의 관계설정'과 '영원과의 관계설정'입니다.

인간의 성공에도 3가지의 부분이 있습니다.
첫째, 인간적 성공

둘째, 생활적 성공

셋째, 영원적 성공입니다.

여기에서 인간적 성공이 '명예'(名譽)와 관계되었다고 한다면, 생활의 성공은 '물질'(物質)과 관계된 것이며, 영원한 성공은 '생명'(生命)과 관계된 성공입니다.

인간이 짧은 생애에서 가장 먼저 정돈해 놓고 출발해야 할 것은 '인간과 신의 관계'를 설정하는 것입니다.

왜냐하면 '영원적 성공'은 '인간적 성공'과 '생활적 성공'보다 고차원적인 것이기 때문입니다.

인간적 성공이 '명예'라면 영원적 성공은 '진리'입니다.

생활적 성공이 '부요와 안일'이라면 영원적 성공은 '청렴과 고난을 관통한 깨끗한 삶'인 것입니다.

성공을 찾아 헤매는 수많은 사람들은 이 같은 3가지 길로 나뉘어서 각각 궤도를 질주(疾走)하게 됩니다.

- 예수 그리스도와 그의 제자들은 영원적 성공을 위한 사랑의 '십자가의 고난'을 선택
- 카이사르와 안토니우스는 칼을 휘두르며 명예와 권력을 선택
- 아리마대 요셉은 부와 안일을 선택

독자 여러분은 어떤 길을 선택하시겠습니까?

성공은 선택된 길을 질주하는 자만이 성취할 수 있습니다.

인간과 인간의 관계

인간과 인간의 관계가 외형적 조직으로 표현될 때 '사회'(社會)라 하고, 내적인 질서로 표출될 때는 '윤리'(倫理)라고 말합니다.

인간을 가리켜 '사회적 동물'(社會的 動物)이라 말합니다.

이는 사람의 속성에는 조직의 속성이 있으며, 인체구조나 우주와 자연만물의 구조가 조직의 속성을 함의하고 있으며, 이러한 조직 속에서 사회를 이루어 공존하고 있기 때문입니다.

인간은 작은 조직인 가정(家庭)에서 태어나서 큰 조직인 사회(국가)로 서서히 이동되어 갑니다.

즉, 사회란 '조직의 예속'을 의미합니다.

우리는 이 조직과 예속을 '인간관계'라고 말합니다.

인간관계에서 가장 중요한 것은 '질서'입니다.

'질서'의 목적은 상호 보존·조화·협력·유지를 위한 것입니다.

본래 인간 사회를 구성하기 위한 질서 본능은 인간의 양심에서 발로되어, 양심이 도덕으로, 도덕에서 윤리로, 윤리에서 법률로, 법률에서 인간관계 규정으로 성문화되어, 인간 질서를 규범하게 된 것입니다.

따라서 '인간과 인간의 관계', 즉 '인간과 사회의 관계'는 양심·도덕·윤리·법률의 질서 관계로 규정되고 있는 것입니다.

그러므로 인간과 인간의 관계에서의 성공이란 '윤리 관계에서의 성공'을 의미하기도 합니다.

지금까지 인간 교육의 모든 초점이 여기에 모아져서 시행되고 있었으나 최근에는 '인간관계를 질서로'만 규명한다고 할 때 '질서는 인간을 억압'하는 것으로 발견되면서 이 질서의 억압에서 탈출하여 '인간 자유'에로 급선회하고 있습니다.

과거 인간의 교육은 '질서 본능'에 근간을 두고 찾았다면, 현대 인간 교육은 '행복 본능'에 근간을 두고 찾고 있습니다.

그렇다면 인간이 행복한 삶을 살게 되는 데 가장 최우선적이고, 필수적인 요소는 무엇일까요?

이것은 단연코 '자유'(自由)입니다.

르네상스 시대 이후 모든 교육의 사상은 질서의 억압에서 자유의 행복으로 바뀌었다고 할 수 있습니다.

인간의 관계 질서가 근본적으로 흔들리고 있습니다.
양심·도덕·윤리·법률·질서는 계속해서 도전 받으며, 인간을 '자유하게 하라'는 함성 앞에 서서히 무너지고 있습니다.
그러나 여기서 인간의 자유가 낳은 사생아가 태어났습니다.
바로 '방종'(放縱)이라는 것입니다.

21세기 첨단 과학시대에 인간은 '질서'와 '자유'의 싸움을 하고 있는데, 이는 '인간관계'에 대한 '사상적 싸움'입니다.
'인간관계'는 단순 윤리로 끝나는 것이 아니라 더욱 복잡한 양상을 띠고 있습니다.
그러므로 21세기의 인간의 관계를 보완 설정해야 합니다.
왜냐하면 이 두 싸움에서 어느 누구도 승자가 되지 못했고, 양쪽 모두가 다 패자로 나타났기 때문입니다.

질서가 이기면 '억압'이 생깁니다.
자유가 이기면 '방종'이 생겨납니다.
그러므로 'New Moral'(새로운 정신과 마음)이 요구되며, 현재 패러다임에 변화가 일어나고 있는 것입니다.

그렇다면 우리는 어떤 '인간관계 철학'을 설정해야 할까요?
질서에는 사랑을 조화(100% 질서+100% 사랑)시킬 필요가 있습니다.
사랑이 결여된 질서는 인간을 핍박하는 억압만 있을 뿐입니다.
자유에는 정의를 조화(100% 자유+100% 정의)시킬 필요가 있습니다.
정의가 결여된 자유는 방종으로 추락되기 때문입니다.

왜냐하면 '질서'는 '정의'에 뿌리를 두고 있고, '자유'는 '사랑'에 뿌리를 두고 있으며, '조화'는 '정반합'(正反合)에 뿌리를 두고 있어서 이것들을 조정하는 능력을 가지고 있기 때문입니다.

공자는 인간관계를 '질서(秩序)'로, 혹자는 '자유(自由)'로 이해하기도 했으나 예수 그리스도는 인간관계를 '사랑과 정의'로 간주(看做)하셨으니, 21세기의 인간관계는 '사랑과 정의'로 그 향방(向方)을 설정해야 합니다.

인간관계에서 '사랑과 정의'를 실천하는 사람이 성공자로 나타나게 될 것이고, 그런 사람을 본받아 행하는 사람들이 이 시대의 성공자가 될 것입니다.

그러므로 우리가 인간관계에서 성공하려면 '사랑과 정의'의 사람으로 길들여져야 합니다.

만일 우리가 '질서주의' 신봉자가 되면 고리타분한 구시대적 사고방식의 사람으로 인식될 것이며, '자유주의' 신봉자가 되면 방종의 사람으로 함몰될 수 있기 때문입니다.

사랑은 '섬김'입니다.

이는 자신이 대접 받고자 하는 대로 먼저 남을 대접하는 훈련입니다.

정의는 '진리'입니다.

"진리를 알지니 진리가 너희를 자유롭게 하리라"(예수 그리스도)

인간은 사랑과 정의 안에서만 자유롭게 되며, 섬김과 진리 안에서만 정의롭게 될 것입니다.

그러므로 모든 성공은 먼저 '섬김'에서 오는 것입니다.

그리고 '정의'에서 반드시 이루게 됩니다.

어떤 사회, 어떤 조직에서도 이 두 가지로 길들여진 자가 성공을 차지하게 됩니다.

여러분은 성공을 먼저 탐내지 말고, '섬김과 정의'를 먼저 탐내야 합니다.

성공을 위한 베이직 트레이닝

❖ 마음으로 상대의 말을 경청하고 눈을 바라보라

우리말만 하려고 하지 마십시오.

남의 말에 귀를 기울여 들으십시오.

말만을 듣지 말고 상대의 눈빛, 제스처, 행동, 포즈를 보십시오.

눈으로 들으면 우리의 커뮤니케이션 능력이 향상되고,

진실성을 판단하는 능력이 향상됩니다.

눈으로 듣는 것은 진실을 쉽게 판단하기 어려울 때 효과가 있습니다.

진실한 말에는 우리의 감정, 생각, 가정, 반응을 내려놓으십시오.

열린 마음으로 상대의 말의 내용을 받아들이십시오.

그러면 우리의 인내심이 키워지고, 자신이 다른 사람과 좋은 관계를 맺으며 신뢰를 받게 될 것입니다.

❖ 베이직 트레이닝

1. 우리는 대화중에 몇% 정도 듣는다고 생각하십니까?

2. 우리로 하여금 듣지 못하도록 만드는 원인이 무엇입니까?

3. 우리가 들음으로써 다른 사람들이 얻은 것이 무엇입니까?

4. 우리가 더 잘 듣도록 제거해야 할 것은 무엇이며, 보충해야 할 것은 무엇입니까?

5. 진지하게 마음을 열고 들음으로써 우리가 얻은 것이 무엇이며, 어떤 상황에서 우리의 말과 행동이 서로 일치하지 않았습니까?

6. 상대방의 삶의 말과 행동을 보았을 때 우리의 말과 행동을 일치시켜 자신의 진실을 전달할 상황은 무엇이며, 어떻게 일치시키십니까?

7. 온화한 표정, 부드러운 눈빛, 긍정적인 자세로 들어보십시오.

섬김과 사랑의 관계

'성공자들을 우습게 보는 자는 결코 성공할 수 없다'는 격언이 있습니다.

성공이란 그렇게 값없이 주어지는 것이 아니기 때문입니다.

성공은 '직위'에서 결정되는 것이 결코 아닙니다.

성공은 '섬김의 척도'에서 결정되는 것입니다.

조선의 건국자인 태조 이성계보다 선죽교에서 충절(忠節)한 정몽주의 시 한 편이 우리 가슴을 뭉클하게 합니다.

　　이 몸이 죽고 죽어 일백 번 고쳐 죽어,

　　백골이 진토 되어 넋이라도 있고 없고,

　　님 향한 일편단심이야 가실 줄 있으랴

바로 이것이 흔히 말하는 '충절'이요, '섬김'입니다.

성경은 "으뜸이 되고자 하는 자는 남을 섬기는 자가 되라"(예수 그리스도)고 말씀합니다.

실패하는 많은 사람들은 성공하려면 남을 짓밟고 누르고 올라가야 한다고 잘못 생각하고 있습니다.

그래서 모든 인간들은 인간관계를 '경쟁과 투쟁의 관계'로 만들어냈습니다.

교육마저도 1·2·3등이라는 순위를 만들어 놓고, 우리를 경쟁하는 사람으로 길들이고 있는 것입니다.

인간의 삶의 철학 사상을 '사랑과 정의'에 두지 않고, '경쟁과 투쟁'에 둔다면 여기서 이루어낸 성공이란 전쟁과 살상과 음모와 침략과 술수와 착취와 배신으로 얻어진 '소유'를 성공이라고 착각하며 자만(自慢)할지도 모릅니다.

이것은 진정한 의미에서 성공이 아니라 실패를 성공으로 오인(誤認)하게 만든 것입니다.

그러므로 진정한 성공이란 '섬김'입니다.

섬김이란 질서에 사랑을 더한 근본적 행위입니다.

즉, 자기가 섬김을 받고자 한 만큼 먼저 남을 섬기는 행동 철학인 것입니다.

이 행동 철학이 가져온 소신이 곧 성공의 원천인 것입니다.

성경은 아브라함이 아들 이삭을 신에게 바침으로 지성으로 하나님을 섬겼더니 "그와 그의 자손이 하늘의 별과 땅의 모래처럼 무수하게 되고, 모든 인간의 신앙의 조상이 되었다"고 증거하고 있습니다.

세계 인류의 4대 종교(유대교, 이슬람교, 천주교, 기독교)가 모두 아브라함으로부터 뿌려진 씨앗입니다.

그리고 인류를 위한 모든 신학적·학문적·과학적 사상과 발전을 일으킨 사람들이 바로 이들 속에서 나타났습니다.

이들 종교의 가장 큰 사상이 바로 '섬김의 사상'입니다.

즉, 하나님을 섬기는 사상과 인간을 섬기는 사상으로 귀결되고 있는 것입니다.

섬김은 사랑을 의미합니다.

"인자가 온 것은 섬김을 받으려 함이 아니라 도리어 섬기려 하고 자기 목숨을 많은 사람의 대속물로 주려 함이니라"(마 20:28)

부모와 자식을 돌보아 양육하는 것도 '섬김의 원리'에서 나온 행동이며, 자녀가 부모를 공경하는 것도 '섬김'입니다.

그렇다면 성경이 가르치는 가장 중요한 사상은 무엇입니까?

"예수께서 이르시되 네 마음을 다하고 목숨을 다하고 뜻을 다하여 주 너의 하나님을 사랑하라 하셨으니 이것이 크고 첫째 되는 계명이요 둘째도 그와 같으니 네 이웃을 네 자신 같이 사랑하라 하셨으니 이 두 계명이 온 율법과 선지자의 강령이니라"(마 22:37-40)

바로 이것이 성경이 가르치는 가장 중요한 사상입니다.
예수 그리스도는 바로 이를 위해 십자가를 지심으로 성공하셨습니다.

사랑으로 성공하지 않는 성공은 실상은 아무것도 아닙니다.
나폴레옹 보나파르트(Napoleon Bonaparte)가 세인트헬레나 섬에 정배객(定配客)이 되어 고독을 씹으며 죽음을 기다리고 있을 때 다음과 같이 고백하였다는 기록이 있습니다.

"나는 전력과 힘으로 세계를 정복하려고 하였으나 결국 세인트헬레나 섬의 정배객이 되었다. 그러나 저 나사렛 예수는 인류를 섬겨 사랑으로 십자가에 죽었으나 그는 세계 인류를 사랑의 품에 안고 세계를 정복하였도다."

무슨 말입니까?
권력과 힘을 성공의 척도라 생각하면 안 된다는 것입니다.
성공은 크거나 작거나, 많거나 적거나, 대왕이나 농부라는 신분의 차이에서 성립되는 것이 아니라 '사랑과 섬김'의 척도에서 판단해야 하는 근본적인 문제라는 것입니다.

이는 고귀한 신분이나 권력이 성공의 요인(要因)이 아니라 사랑과 섬김으로 성공한다는 증거입니다.

지극히 하찮고 힘 약한 주인

기울어져 가는 회사의 사장

장래성이 보이지 않는 자신의 상사 등

자기만도 못하다고 느껴지는 상전이라면 짓밟아 버리거나 쉽게 배신해버리고, 어제의 상전을 오늘은 업신여기는 간사한 성품을 가진 사람들……

이러한 '기회주의 군상'들이 성공하겠다고 눈빛을 번뜩이며 동분서주하는 모습은 우리 주위에서 흔히 볼 수 있는 실상입니다.

이들은 가는 곳마다 문제와 분쟁을 일으키며, 결국은 성공하지 못하고 쫓겨 다니는 신세가 되고 맙니다.

성공자는 주인의 잘나고 못남과 관계없이, 가세가 기울고 망해도 상관하지 않고 '내가 주인을 섬기는 충성심이 어느 정도 훈련되었는가?'에 대한 '자아성찰'을 하며 자기 충성심을 점검하는 기회로 삼아 반드시 모든 유혹을 극복해야 합니다.

왜냐하면 성공이란 상대방의 빈부귀천(貧富貴賤)에 있지 않고, 자기 자신의 인간 됨됨이의 훈련에 있기 때문입니다.

바보 같은 주인을 섬기지 못하고 배신하는 인격을 가진 자라면 고관대작(高官大爵)의 신분이 되었더라도 그는 기회주의로 길들여져 있기 때문에 성공적으로 왕을 보필할 수 없게 되고, 결국 자멸을 자초하는 간신이 되고 말 것입니다.

성공하기를 원하십니까?

그렇다면 자신의 자아를 점검해 보십시오.

그리고 생각하십시오.

"나는 얼마나 충성스럽게 섬길 준비가 되어 있는가?"

상대방을 바라보고, 흔들리는 갈대가 되지 말아야 합니다.
심지(心志)가 곧아야 하고, 정직해야 합니다.
윗사람에 대한 섬김의 정신이 높아야 합니다.
그렇다면 자신을 훈련시키는 자가 누구이든지 반드시 성공하
는 자가 될 것입니다.
이에 대해 성경은 다음과 같이 증거합니다.

"맡은 자들에게 구할 것은 충성이니라"(고전 4:2)

"네가 죽도록 충성하라 그리하면 내가 생명의 관을 네게 주리
라"(계 2:10)

"잘하였도다 착하고 충성된 종아 네가 적은 일에 충성하였으
매 내가 많은 것을 네게 맡기리니 네 주인의 즐거움에 참여
할지어다"(마 25:21)

충성은 상대방이 어떤 사람인지 상관하지 말고, '내가 어느
정도 충성할 수 있느냐?' 하는 자기 테스트가 더욱 필요하다
는 것입니다.
성공자는 타인의 배려에 의해 움직였던 기회주의자가 아닙니다.
성공자는 자기 자신의 충성심의 훈련이 어느 정도의 상태
에 있는가를 성찰해서 자기와의 싸움에서 이긴 사람들입니다.

인간관계는 질서적인 상하관계입니다.
이러한 의미에서 인간관계를 잘못 맺게 되면, 대성할 사람
이 초라한 신분으로 전락할 수도 있는 것입니다.
따라서 성공한 사람이 되기 위해서는 다음과 같이 자기를
훈련시키는 것이 중요합니다.

- 먼저 섬길 대상을 선정하라.

- 나보다 남을 낫게 여기는 훈련을 하라.

- 자기가 대접받기 원하는 만큼 먼저 남을 대접하는 자아를 훈련하라.

- 기회주의를 버리고 충성주의를 선택하라.

- 남이 가장 하기 싫은 일을 내가 기쁘게 하라.

- 상대방을 의식하여 일하지 말고, 내가 그런 경우라도 나 자신을 이기고 극복할 수 있도록 자기 훈련에 몰입하라.

- 가장 천한 자를 가장 존귀하게 섬겨 보라.

이것이 으뜸 되는 교훈입니다.
그리고 가장 고상한 인간관계의 원리입니다.

성공적인 최상의 인간관계는 자기 자신은 죽을지언정 결코 배신(背信)하지 않는 '사랑의 섬김'입니다.
이보다 더 나은 성공 방법은 없습니다.

성공을 위한 베이직 트레이닝

❖ 정직한 삶을 위해 훈련하라

누구나 실수할 수 있습니다.

약점이 드러나서 수치스러울 수도 있습니다.

나의 약점을 드러내려고 공격하는 사람을 만날 수도 있습니다.

그때 현실과 우리 내면의 '견고한 진'을 직시하고, 자신에게 정직
하십시오.

여기서 '견고한 진'이란 하나님의 생각과 반대되는 고정관념들입니다.

두려움, 미움, 분노, 용서하지 않는 마음, 불안, 절망, 높아지려
는 마음, 자기만이 옳다는 생각 등을 말합니다.

이와 같은 '견고한 진'이 있으면 사람이 경직되고 유연하지 못합니다.

❖ 베이직 트레이닝

1. 스스로에게 더 정직해져야 하는 영역은 무엇입니까?
    1) 가정생활에서
    2) 직장생활에서
    3) 공동체생활에서

2. 위의 영역들에서 우리 스스로에게 정직하여짐으로 매듭지어
   야 할 문제들은 무엇입니까?

3. 우리의 견고한 진은 무엇입니까?

4. 우리 자신에게 정직한 것은 스스로를 성장시키는 기회입니다.
   왜 그렇다고 생각하십니까?

5. 스스로에게 정직해진 후 우리의 문제가 어떻게 변했습니까?

인간과 자연의 관계

인간을 '만물의 영장'이라고 치켜세워도 '독불장군이 없다'
는 말에 수긍해야 할 것입니다.

인간은 '유아독존(唯我獨尊)'이 아닙니다.

인간은 은혜 가운데 더불어서 존재하는 것입니다.

인간은 우주와 태양과 지구의 자전(自轉)과 공전(公轉)이 없이
는 부지(扶持)하지 못합니다.

공기와 대기와 공존(共存)하고 있는 것이 인간입니다.

물과 산소와 곡식과 공존하는 것이 인간입니다.

무생물과 생물과 광물과 모든 존재와 더불어 존재하는 것
이 인간입니다.

그러므로 인간은 '자연과의 관계'에서 살아가는 것입니다.

이 자연과 인간의 삶의 관계를 연구하는 학문이 '과학'입니다.

인간은 생존하면서 적어도 3가지의 관계 속에서 살아가게
되어 있습니다.

영혼은 신과의 관계에서,

정신은 인간과의 관계에서,

육체는 자연과의 관계에서 생존해 가도록 짜인 것입니다.

그러므로 인간이 '자연과의 관계를 잘 유지하고 살아간다'는 것은 매우 중요한 현실의 문제인 것입니다.

　자연과학이 잘 발달된 나라가 부요하고, 편리하고, 윤택한 삶을 살아가는 것입니다.

　인간이 자연과의 관계를 잘 설정하려면 조화로운 생각으로 자기를 훈련시키고, 공존의 원리를 터득해야 합니다.

　즉, 이 세상에 있는 만유는 모두가 공존의 관계에서 필요를 제공하면서 살아가고 있음을 인식하여야 합니다.

　음식에도 단 것만 좋은 것이 아닙니다.

　쓰고, 떫고, 짜고, 맵고, 시고, 느끼하고, 담백한 모든 것이 서로 조화를 이루고, 필요를 제공하면서 피차 진가를 나타내고 상호 공존하고 있는 것입니다.

　공존주의(共存主義)는 공동의 번영과 행복을 가져오지만, 흑백논리(黑白論理)에 사로잡히면 몹쓸 사람이 되어버립니다.

　　사랑과 → 미움은 공존한다.

　　빛과 → 어둠은 조화를 이룬다.

　　남자와 → 여자는 서로 모자란 부분을 보충한다.

　　기쁨과 → 슬픔은 심오한 심리적 감정을 길들인다.

　　선과 → 악은 서로 보완된다.

　　의와 → 악이 공존한다.

**　어떠한 것 하나도 불필요한 것이 없습니다.**

　　만일 그늘을 없애기 위해 태양을 제거한다면 이 얼마나 어리석은 일입니까?

　　또한 공존의 원리와 상호 필요를 제공하는 행복한 삶의 이치를 깨닫지 못한다면 이 얼마나 어리석은 일입니까?

그러기에 성공자들의 마음 바탕은 언제나 모든 것을 공존의 관계에서 행복한 삶을 모색하는 철학 위에 세워진 것입니다.

흔히 사람들은 "악도 필요한가?"라고 퉁명스럽게 쏘아붙이다가 한 발 물러서서 "필요악도 있어야지"라는 말을 합니다.

그러나 '어두움으로 인해서 태양이 밝게 빛난다'는 공존의 관계를 알고 나면 "아니야! 아니야! 모든 것이 필요해…"라는 고백을 하게 될 것입니다.

인간이 살아가기 위해서 가장 먼저 배워야 할 것이 있다면 이 공존(共存)·공영(共榮)의 관계를 터득하는 것입니다.

또한 성공하기 위해서는 공존과 공영의 관계에 따른 자연의 순리를 따라 삶의 관계 설정이 필요하기 때문에 자연과학을 연구하는 학자나 학도는 이 원리를 먼저 터득하고, 자연을 우리의 생활에 이용해야 합니다.

그렇지 않으면 자연과학이 우리의 삶을 파괴하는 무서운 괴력(怪力)으로 다가올 것이기 때문입니다.

인간이 원자력(原子力)이나 수소력(水素力)을 인간의 삶에 필요를 제공하는 일에 활용한다면 땅의 석유를 다 파내지 않아도 무연의 연료를 사용할 수 있을 것입니다.

그러나 이것을 공존으로 생각하지 않고, '상대를 죽여야 자기가 산다'는 멸존 관계로 이해한다면 전쟁과 살상으로 인해 공존·공영이 깨지고 파괴만 남게 될 것입니다.

성공자는 삶의 모든 것이 조화에서 이루어진다는 것을 잘 알고 있는 자들입니다.

이 원리에서 벗어난 모든 것은 마모석(磨耗石)에 부딪쳐 부서지고 맙니다.

'모난 돌이 정 맞는다'는 말은 조화력(調和力)이 없고, 공존·공영주의에서 떠난 이기주의자를 비유하는 말입니다.

과연 이 비웃음 속에 성공이 있겠습니까?

우리 인간이 성공자의 행동 철학을 이해하고, '서로 돕는 것 외에는 다른 길이 없습니다.

서로 물고 뜯으면 피차에 망합니다.

교만(驕慢)은 패망(敗亡)의 선봉(先鋒)입니다.

서로 죽이려 하고, 약점을 노리고 물귀신 작전으로 끌어내리고, '마타도어 작전으로 살아가는 사람이 성공한다'고 착각하여 서슴없이 이 길에 들어서는 사람들이 많습니다.

그러나 이것은 성공의 길 같으나 결국 실패의 길입니다.

민주주의를 신봉하는 자들이 선거를 통해 지도자를 뽑습니다.

그런데 지도자가 되기 위해 동료들을 헐뜯고 무너뜨립니다.

이렇게 해서 당선되면 성공한 줄로 압니다.

그러나 역사는 이런 사람을 성공자라 말하지 않습니다.

오히려 '정직하고 우직하게 자기 자신을 죽여 백성을 위해 산 사람'을 성공자로 기억하기에 수많은 지도자들 가운데 존경받는 영웅(英雄)은 100명 중에 1명이 있을까 말까 합니다.

역사는 백성들에 의해 추앙(推仰)된 위대한 영웅이 아니라 부정과 부패와 권모술수로 획득한 것이라고 냉소(冷笑)하기 때문에 백성들의 존경과 추앙을 받아야 할 지도자 자리의 가치마저 상실(喪失)되고 있는 것입니다.

수많은 투쟁을 거쳐 올라가서 차지한 상좌(上座)가 자신의 인생을 욕되게 하고, 오명(汚名)을 쓰는 자리로 전락하고 만 것은 바로 '서로 돕는 철학'에서 이루어진 성공이 아니라 '서로 쓰러뜨리고 얻는' 데서 기인한 것이기 때문입니다.

인간들은 자연이 주는 아름다움만을 느끼며 감동하지만, 현자는 자연 법칙 속에서 인간답게 사는 원리를 발견합니다.
보편적으로 자연 속에 살아가는 사람과 자연과 깊이 대화하며 살아가는 사람의 삶은 차원이 다릅니다.

인간은 상호 공존을 위해 자연이 주는 많은 혜택을 통해서 수많은 지혜들을 얻으며, 인간과 신의 관계가 아닌 또 다른 물질세계와의 대화를 통해 스스로도 의식하지 못한 독백(獨白) 속에서 자신의 존재를 확인합니다.

또한 자연에서 인간의 모든 지식이 인식(認識)을 거쳐 체득 (體得)되어지는 것으로 나타납니다.
예를 들면,

끝없는 하늘을 보고 '무한'이라는 인식된 감각을 익히게 되고,

넓은 대양을 보고 '망망하다'는 인식을 습득하게 되고,

거대한 산세를 보고 '웅장하다'는 느낌의 지적 능력을 갖게 되며,

풀잎 위에 이슬 한 방울을 보고 '영롱하다'는 감성을 발달시키며,

뾰쪽한 것을 보고 '뾰쪽한 것'이 무엇인지 인식하게 되고,

둥근 것을 보고 '둥글다'는 인식을 갖게 됩니다.

자연이 인간과의 관계에서 주는 것은 삶의 전부라 해도 과언이 아닐 것입니다.
모든 것은 자연을 통해 인간 심성(心性)에 전이(轉移)됩니다.

그렇다면 자연 속에서 관계를 통하지 않고 인간이 배운 지식이 무엇이며, 인식되어진 것이 무엇일까요?

인간과 자연의 관계는 불가분리(不可分離)의 관계에 있으며, 이 관계에서 많은 삶의 지식과 지혜를 얻어내는 사람이 성공자가 되는 것입니다.

인간의 심성에 아름다움을 심어 주는 것은 무엇일까요?

자연입니다.

중세 평화의 성자 아씨시의 성 프란시스(St. Francis of Assisi)는 '꽃과 새들과 초목과 대화를 하였다'고 합니다.

아마 예수께서도 공중 나는 새들과 들의 백합화와 정답게 대화하셨을 것입니다.

바다의 풍랑과도 대화하셨기에 그 풍랑을 꾸짖어 잔잔하게 하신 것이 아닐까요?

자연은 인간에게 순리(順理)를 따르는 삶, 아름다운 삶, 부끄러움이 없는 진실한 삶을 위해서 자연과의 교류를 통해 깨닫는 법이나 대화하는 법을 가르치고자 할 것입니다.

이에 고려 말의 고승(高僧) 나옹선사(懶翁禪師)는 '청산은 나를 보고 말없이 살라 하고(靑山見我無語居), 창공은 나를 보고 티 없이 살라 하네(蒼空視吾無愛生)'라고 읊기도 했습니다.

인간은 교육적 존재로 지어졌기에 신은 자연을 통해 그의 신성과 지혜와 지식과 능력과 삶의 원리와 법칙을 가르치는 도구로 자연을 사용하셨습니다.

자연과의 대화에서 그 해답을 찾을 수 있는 사람이 대성할 수 있는 인성(人性)의 소유자가 될 수 있는 것입니다.

적어도 인간은 하루에 한 시간 정도는 자연과 깊은 대화를 나누어야 합니다.

여기서 인간의 심성이 아름다워지고, 아름다운 심성은 성공자의 기초가 되는 것입니다.

자연과 공존관계에서 얻은 진실한 심성(心性)으로 사람들과 교제하고, 하나님과도 친밀(親密)한 관계를 맺어 보십시오.

이루지 못할 일이 어디 있겠습니까?

성공은 저 멀리에 있는 것이 아닙니다.

여러분의 바로 옆에 자연과 함께 있는 것입니다.

자연과의 관계에서 삶의 순리를 물어 보십시오.

아직도 자연은 신과의 대화가 끊이지 않고 있으나 타락된 인간의 심성은 신과의 대화가 끊겨 있습니다.

그러므로 자연과의 대화가 가능한 사람은 신과의 대화가 이루어질 수 있는 심성의 소유자가 될 수 있는 것입니다.

오늘부터 자연과 깊은 대화를 시작하십시오.

하루 1시간 정도는 자연과 깊은 대화를 나누십시오.

진실한 인간성을 회복할 때까지 대화를 해 보십시오.

인간과 자연과 신과의 대화에서 진리가 있는 것을 알아야 합니다.

성공을 위한 베이직 트레이닝

❖ 위기를 예측하고 긍정적인 마음의 자세를 가져라

개인이나 가족뿐만 아니라 공동체에도 위기가 올 수 있습니다.
우리 역시 위기를 만날 수 있습니다.
이러한 때 긍정적인 마음 자세를 가지고 위기를 예측하면 위기
를 당해도 침착함을 유지할 수 있습니다.
긍정적인 마음을 가지면 위기와 좌절을 만나도 충분히 극복할
수 있으며, 목표 성취의 장애물들을 극복할 수 있습니다.
우리가 긍정적인 마음 자세를 가지고 위기를 예측하고 극복하면
우리가 속한 공동체의 위기도 예측하고 극복할 수 있습니다.
우리가 가진 긍정의 힘이 다른 사람에게도 긍정의 힘을 부여하
여 우리로 인해 공동체의 발전이 이루어질 것입니다.

❖ 베이직 트레이닝

1. 오늘 우리가 만날 상황에서 일어날 수 있는 위기를 예측하십
   시오. 그리고 긍정적인 마음의 자세를 가지고 각각의 위기를
   해결할 방법을 적어 보십시오.
   1) 가정에서   해결 방법 :
   2) 직장에서   해결 방법 :
   3) 공동체에서   해결 방법 :

2. 위기를 예측하는 것이 우리에게 어떻게 도움이 되었습니까?

3. 우리가 긍정적인 마음을 유지하기 위해 우리가 할 수 있는
   일은 무엇입니까?

4. 긍정적인 자세를 가지고 위기 예측을 실천함으로써 우리가
   새롭게 알게 된 것은 무엇입니까?

5. 우리와 함께 위기를 예측하고 방법을 나눌 사람이 있습니까?

인간의 상하관계

인간이 아무리 자유와 평등을 외친다 해도 수직과 수평의 씨줄과 날줄은 있지만, 수평적인 평등만이 존재하는 세상은 결코 없을 것입니다.

따라서 '상하관계(上下關係), 이것은 인간과 영원히 함께 존재할 운명이라고 해도 과언이 아닙니다.

상하관계가 인간에게 주는 중요한 교훈은 질서 있는 사랑과 공경의 원리를 체득하게 하는 높은 교육의 경지입니다.

윗사람은 아랫사람을 사랑하고, 아랫사람은 윗사람을 공경하는 삶의 비결을 제공하는 '상하관계', 이것은 성공자에게 가장 유익한 요소를 제공해 주고 있는 자양분(滋養分)과 같습니다.

그렇다면 윗사람이 성공할 수 있는 비결은 무엇입니까?

아랫사람을 사랑하는 것 외에는 왕도(王道)가 없습니다.

예수께서는 자신의 제자들을 위해 피(生命)와 살(전체)을 제공하셨으며, 이것을 다음과 같이 정의하셨습니다.

"새 계명을 너희에게 주노니 서로 사랑하라 내가 너희를 사랑한 것 같이 너희도 서로 사랑하라 너희가 서로 사랑하면 이로써 모든 사람이 너희가 내 제자인 줄 알리라"(요 13:34-35)

아랫사람들은 때로는 무지몽매(無知蒙昧)하고, 우매(愚昧)하기 짝이 없는 짓을 서슴지 않고 자행합니다.

그렇다면 어떻게 이해할 수 있을까요?

이것은 탓으로도 안 되고, 교훈으로도 안 됩니다.

무조건적인 사랑으로 이해할 수밖에 없습니다.

아동발달 심리학에서 어머니의 사랑을 요구하는 어린이는 오줌을 싸거나, 그릇을 깨거나, 넘어져 다치거나, 울거나 해서 어머니의 관심을 끌어내고, 관심 속에서 사랑을 확인하려 듭니다.

만일 어른이 되어서도 실수를 서슴지 않고 저지른 부하가 있다면, 이는 분명히 주인(상사)의 사랑을 받기 위한 관심을 끌어내는 불안 심리의 전초전이라고 봐도 무방할 것입니다.

지도자들은 여기에 눈을 떠야 합니다.

'모든 어른은 모든 어린이다'라는 말이 있습니다.

부부생활에서 가장 성공한 여인이 누구인지 아십니까?

남편을 세 살짜리 어린이처럼 느끼고, 생각하고, 행동하며, '모성애를 발동하는 아내'라고 합니다.

모든 남자들에게는 세 살 버릇이 그대로 남아 있기 때문에 '세 살 버릇이 여든 살까지 간다'고 하는 것입니다.

이에 지도자는 부하를 어린이 다루듯이 다루면 됩니다.

그렇다면 어린이는 무엇으로 다루어야 하는 것일까요?

어린이는 '사랑'으로 다루어야 합니다.

프레드릭 2세가 '인간은 무엇으로 사는가?'에 대한 해답을 얻고자 하여 갓난아이 300명을 데려다가 실험해 보았습니다.

궁전 같은 집을 짓고,

통풍이 잘되게 창문을 설계하고,

시간에 맞추어 영양식을 먹이고,

기저귀를 잘 갈아 채워주고,

가장 탁월한 간호사를 배치하여 보육하도록 모든 것을 갖추어 양육하였습니다.

그런데 2년이 못 가서 모든 어린이가 죽고 말았습니다.

프레드릭 2세는 이 실험에서 인간은 젖만 먹고사는 것이 아니라, 사랑을 먹고사는 존재임을 확인했습니다.

그리고 그는 다음과 같이 외쳤습니다.

"사랑이 곧 생명이다!"

부하를 '어린아이처럼 대하라'는 뜻은 '사랑하라'는 말입니다.

부하를 사랑한다는 것은 곧 자기를 사랑하는 것과 같습니다.

부하를 의심하다가 왕위를 찬탈 당한 자는 있어도 부하를 사랑하다가 부하에게 죽은 자는 없습니다.

그렇다면 부하를 어떻게 사랑해야 할까요?

어린이처럼 보호하고, 관심을 가져주고 칭찬을 해주어야 합니다.

꾸중을 듣고 자란 아이는 세상을 증오하지만, 칭찬을 받고 자란 아이는 모든 것에 친근감을 갖습니다.

칭찬은 신뢰성과 능력에 대한 인정과 부하에 대한 관심과 사랑의 표현이라고 생각합니다.

주인에게 인정받는 부하는 행복합니다.

상사에게 칭찬 받는 부하는 주인을 위해 충성하는 법입니다.

주인의 칭찬은 부하의 능률을 3배나 더 올리는 원동력입니다.

원동력이 없이 돌아가는 발동기를 보셨습니까?

주인의 칭찬은 부하가 주인을 신뢰(信賴)할 수 있는 신앙과 같은 것입니다.

어찌 믿지 못하는 이에게 존경을 보내겠습니까?

칭찬은 충성을 자아내는 강력한 접착제와 같은 것입니다.

그러나 실패한 지도자들의 가장 큰 약점은 부하들을 칭찬하는 데에 너무도 인색(吝嗇)하다는 것입니다.

상하관계의 윤활유인 '칭찬'이야말로 소리는 나지 않지만 부드럽게 기계를 작동시키는 가장 큰 파워(power)인 것입니다.

이 파워를 잃어버린 지도자가 어떻게 부하들에게 강력한 지도력을 발휘할 수 있으며, 성공을 쟁취할 수 있겠습니까?

그렇다면 어떻게 하는 것이 지혜로운 방법일까요?

부하를 사랑하는 데는 당근과 채찍을 겸해야 합니다.

부하를 채찍질할 때는 당근을 제시한 후에 하는 것입니다.

여러 가지 칭찬을 모두 나열하고 난 후에 꾸중할 사항을 지적하면서 채찍질하면, 반감을 일으키는 것이 아니라, 꾸중을 교훈으로 받아들이게 될 것입니다.

다음은, 아랫사람이 성공할 수 있는 방법입니다.

옛 속담에 '소도 부빌 언덕이 있어야 한다'는 말이 있습니다.

부하의 성공은 반드시 언덕(주인)을 가져야 합니다.

아랫사람은 언제나 다음 몇 가지를 알아야 합니다.

- 일을 할 때 이 일을 맡긴 자와 맡은 자의 관계를 정확히 구분한다.
- 맡겨진 일은 주인이 하여야 할 일인데 시간이나 여러 가지 형편에 의해 직원을 두고, 대가(월급)를 지불하고, 자기(주인)의 직무의 일부를 위탁한 것이다.
- 주인은 한편으로 직원을 자신의 대리인으로 여기기 때문에 주인이 위탁한 임무에 충실히 임해 주기를 바라는 것이다.
- 주인은 한편으로는 직원을 보호하고, 다른 한편으로도 직원을 감독하고 있는 것이다.
- 주인의 감독이 싫은 자는 회사를 그만 두라. 회사의 업무는 주인의 업무이기 때문이다.
- 종업원의 얼굴이 주인을 대행하는 얼굴이다.

- 주인이 수시로 철저히 감독하는 것을 기쁘게 여겨야 한다. 이것을 짜증스럽게 여기거나 눈가림하듯이 처리하면 결코 성공한 사람이 될 수 없다.
- 종업원은 자신이 주인이라 생각하고 주인이 위탁한 일을 진행해야 한다.
- 주인의 얼굴을 하고, 주인의 이름을 갖고, 주인처럼 인심을 두고, 주인의 마음가짐으로 하라.
- 종업원은 자기의 것을 만들지 말고, 주인의 것을 철저하게 추구하라.

아랫사람에게 맡겨진 일은 자기의 일이 아니라 주인에게서 위탁받은 일인데, 많은 실패자들은 주인과 자기를 분리해서 생각하고, 일도 자기 자신의 일이라고 착각을 합니다.

자기 일이라면 왜 주인이 월급을 주고 일을 맡기겠습니까?

성경은 "맡은 자들에게 구할 것은 충성이라"고 교훈합니다.

주인이 요구하는 것은 맡은 자들이 충성하는 것입니다.

주인의 요구사항을 만족시키며 충실히 수행할 능력이 있는 사람은 반드시 성공할 수 있습니다.

주인의 일을 맡은 자이기 때문에 주인의 얼굴이 되고, 주인의 이름을 빌려, 주인의 옷을 입고, 주인의 마음으로, 주인의 뜻에 부합하도록 주인을 대신하여 모든 사람들에게 나타나는 것입니다.

철저하게 주인처럼 자리를 바꾸는 것입니다.

자기 자신을 포기하고 주인화(主人化) 되는 것입니다.

그리하면 반드시 성공하게 될 것입니다.

'자신이 잘못하면 주인이 욕을 먹고, 자신의 실수는 주인의 실수가 되고, 자신의 잘못이 주인의 잘못이 된다'는 사실을 인식하고 주인에게 충성하는 것입니다.

자기를 주인의 분신(分身)으로 바꾸는 자는 주인의 신임만 받는 것이 아니라 상대방의 신뢰도 얻을 수 있는 것입니다.

주인을 비방(誹謗)하지 마십시오.
주인은 비방을 받기 위해 돈을 주고 종업원을 고용한 것이 아닙니다.
많은 실패자들이 이 문제를 너무도 가볍게 취급합니다.
'대통령도 보지 않는 데서는 욕할 수 있다'는 유혹의 언어에 마음을 실어주어서는 안 됩니다.
보지 않는 데서 주인을 욕하는 사람이 어떻게 나라를 통치하는 대통령을 모실 수 있겠습니까?
대통령이 자리에 없다고 해서 그 대통령을 욕하는 사람은 결코 장관이 될 수 없습니다.
자기 스스로 성공자를 비난하는 불평분자로 낙인찍어 놓고 성공을 기다린다는 것은 너무도 이치에 맞지 않는 것입니다.

마찬가지로 주인이 보지 않는 곳에서 다른 종업원이나 상대 거래처에게 재미 삼아 주인을 비방하면 그 자리를 노리는 사람에 의해서 주인의 귀에 정보가 흘러들어갈 수도 있고, 주인에게 충성스러운 사람들에 의해 자기 자신이 평가대상이 되어 주인의 귀에 들어가게 됩니다.
어느 주인이 부단히 노력하여 힘들게 벌어들인 자기 돈을 자신을 헐뜯고 비방하는 종업원에게 투자하여 직장을 제공해 주고, 직위도 주고, 월급도 주고, 업무도 주고, 사랑을 주면서 자선 사업을 하겠습니까?

'성공자는 주인의 것을 아끼고 귀하게 여기는 사람'입니다.
주인의 것을 아끼는 사람은 주인에게 아낌을 받는 사람이 되지만, 주인의 것을 함부로 여기는 사람은 역시 주인에게 함부로 여김을 당하게 됩니다.

주인은 여러 개의 눈을 가지고 있음을 알아야 합니다.

- 종업원 한 사람을 두고 수 천 번 생각하고, 계속 생각하는 눈을 갖고 있다.

- 앞이마 밑에만 눈이 있는 것이 아니라 뒤통수에도 눈이 달려 있다. 주인은 보이는 데서 보다 안 보이는 데서 더 잘 보인다.

- 주인은 예감의 눈과 직감의 눈과 영감의 눈을 가지고 있다. 즉, 마음속에 종업원 한 사람 한 사람에 대한 마음의 안테나를 설치해 놓고 그들의 주파수에 온갖 촉각을 곤두세우고 귀를 기울이고 있다.

- 주인이 종업원을 시험할 때도 멀리 떠나서 테스트하는 것이다.

성경에 보면 "어떤 주인이 한 사람에게는 1달란트, 또 다른 사람에게는 두 달란트, 또 다른 사람에게는 5달란트를 맡기고 장사하라고 지시한 뒤 먼 길을 떠났다"(마 25장)는 매우 의미 있는 비유의 말씀이 기록되어 있습니다.

왜? 옆에서 감시 감독을 하지 않고 멀리 떠났을까요?

종업원이 보이지 않는 곳에서 더 잘 보이기 때문입니다.

실패자들의 특성은 주인의 눈을 피한다는 것입니다.

주인은 피한다고 모르는 바보가 아닙니다.

피하면 더 쉽게 발각됩니다.

주인이 보는 곳에서는 아부하고, 보이지 않는 곳에서 비방하고, 놀기를 즐기는 자가 성공한 예가 없습니다.

주인 앞에서 진실하십시오.

주인은 실수하는 것이 아니라, 속이는 것을 싫어합니다.

세계 100대 재벌들이 뉴욕에 모여 회의를 하였는데 '귀하에게 가장 필요한 것이 무엇인가?'라는 어느 기자의 설문지에 마치 서로 짜고 입을 맞추기나 한 것처럼 "나는 우리 회사를 이끌어 가는 데 있어서 진실하고 정직한 사람이 필요할 뿐이다."라고 100%가 답변하였다는 것입니다.

'누구에게 회사를 맡길 것인가?'라는 질문에는 '진실하고 정직한 사람에게 맡기겠다'는 대답이 98%가 나왔다고 합니다.

흔히 사람들은 회사에서 입사 시험을 치를 때 실력을 보기 때문에 입사 후에도 실력으로 업무 능력이 좌우되는 줄 착각합니다.

물론 실력도 있어야 하지만 같은 실력이면 '진실하고 정직하고 충성된 자'가 결국은 승진하고, 주인의 무한한 신뢰를 얻게 됩니다.

우리 모두 똑똑한 사람이 성공하는 줄로 생각하고 있지만, 실상 성공한 사람들을 보면 바보라고 할 정도로 정직하고, 진실하며, 주인에게 충성한 사람들이 반드시 성공자로 나타난다는 사실입니다.

우리 사회에서는 입사 동기 중에서 가장 똑똑했던 사람이 브로커로 전락하는 일이 흔히 일어납니다.

반대로 진실하고 충성되고, 바보처럼 주인에게 정직한 사람은 그 회사의 사장 자리에 올라 있는 것을 볼 수 있습니다.

이에 성경은 증거합니다.

> "내가 다시 해 아래에서 보니 빠른 경주자들이라고 선착하는 것이 아니며 용사들이라고 전쟁에 승리하는 것이 아니며 지혜자들이라고 음식물을 얻는 것도 아니며 명철자들이라고 재물을 얻는 것도 아니며 지식인들이라고 은총을 입는 것이 아니니 이는 시기와 기회는 그들 모두에게 임함이니라"(전 9:11)

이 말씀의 깊은 뜻이 무엇입니까?

'똑똑하다고 스스로 자만하여 약삭빠르게 지혜(꾀)를 짜서 행동한 사람이 성공하는 것 보았느냐?'는 것입니다.

이 세상의 모든 성공한 사람들, 곧 모든 사장들과 모든 왕과 대통령들은 똑똑한 사람보다 착하고, 충성되고, 진실하고, 정직한 부하를 요구하고 있습니다.

이 요구에 부응한 사람은 반드시 성공자가 될 것입니다.

주인은 충성된 자를 원합니다.

주인은 언제나 '지키는 자'라는 상념을 버리지 못하기 때문에 종업원의 '거짓된 행동'이 주인을 불안하게 만드는 요소가 되어, 종업원이 거짓되게 행동한다면 당연히 주인의 마음은 그 종업원에게서 떠날 수밖에 없는 것입니다.

주인은 똑똑한 사람에게서도 불안을 느낍니다.

주인은 바보 같을 정도로 고지식하고, 착한 사람에게 무한 신뢰를 보냅니다.

진정으로 똑똑한 사람은 착한 사람입니다.

착한 사람은 충성된 사람입니다.

이에 성경은 증거합니다.

> "그 주인이 이르되 잘하였도다 착하고 충성된 종아 네가 적은 일에 충성하였으매 내가 많은 것을 네게 맡기리니 네 주인의 즐거움에 참여할지어다 하고"(마 25:21)

독자 여러분은 성공하기를 원하십니까?

여러분 자신을 착하고 충성된 사람으로 만드십시오.

바보 같을 만큼 정직하고, 진실한 사람으로 만드십시오.

성공은 결코 재간(才幹)으로 이룰 수 있는 것이 아닙니다.

성공은 신뢰(信賴)에서 얻어지는 값진 것입니다.

성공이라는 단어는 눈과 귀와 감각과 영감을 가지고 있기 때문에 결코 거짓에 속아주지 않습니다.

그렇기 때문에 주인은 충성된 자를 원합니다.

충성은 성공을 이끌어 오는 통로와 같은 것입니다

성경은 잠언에서 "게으른 자여 개미에게 가서 그가 하는 것을 보고 지혜를 얻으라"(잠 6:6)고 말씀하십니다.

개미들의 삶을 보면 개미에게는 여왕개미가 있고, 여왕개미를 둘러싼 경호개미가 있습니다.

그리고 문 밖에는 문지기 개미가 있습니다.

문지기 개미는 다른 개미가 침범하면 목을 잘라서 죽입니다.

문지기 개미들은 무게가 비교적 큰 개미들입니다.

그리고 먹이를 공급하는 개미가 있습니다.

이 개미들은 허기진 개미들에게 먹이를 제공합니다.

일하는 개미가 있습니다.

장마철에 비로 인해 집이 무너지게 되면 집을 다시 짓는 일과 먹이를 미리미리 가져다가 저장하는 일을 합니다.

이처럼 개미들도 살아가기 위해 조직사회를 만듭니다.

개미조직은 '여왕개미→경호개미→문지기개미→공급개미→일개미' 등 5군으로 조직되어 있습니다.

이는 개미 사회를 지키고, 살리기 위한 최소한의 조직입니다.

이는 우리가 개미와 벌 같은 자연계의 모든 생명들에게서 배워야 할 기초적인 지혜와 지식인 것입니다.

그런데 망하는 회사, 망하는 사람들은 자기 자신을 지키기 위해 주인을 지키는 것과 회사를 지키는 것을 망각해 버립니다.

많은 지체가 서로 연합하여 '한 몸을 지탱한다'는 원리를 잊어버린 채 살아가고 있습니다.

인간의 육체도 '머리(大家理=王)→손과 팔→발과 다리→오장육부→혈관과 신경' 등 5대 조직으로 이루어져서 각자 맡은 일을 수행하고 있으나 이 중 어느 하나가 고장(질병)나면 모든 조직이 중단되기도 하고, 심지어는 다 죽게 되는 것입니다.

다른 기관이 멀쩡하고 건강해도, 심장 한 기관만 고장이 나면 다 죽게 되는 것이 몸의 원리입니다.

그러기에 상호(相互) 지키는 것(보호)입니다.

회사(조직)의 직원 한 사람이 자기 회사를 지킬 생각은 하지 않고, 다른 사람들에게 자기 회사에 대한 불평이나 불만을 늘어놓고, 주인을 욕하고, 동료를 해치는 행위를 자행한다면 그 회사(몸)는 병들게 되고, 결국은 망하게 되고, 자기 자신도 회사와 함께 함몰(陷沒)되어 버리게 됩니다.

물론 '내가 이 회사에 있지 못하면 있을 곳이 없는 줄 아는가?'라고 개인적으로 적개심을 품을 수는 있지만 그 마음, 그 자세, 그런 심성을 가지고 다른 회사로 옮겨간다고 해도 그 회사마저 망치게 될 것이 분명한 것입니다.

회사에 입사할 때 이력서를 왜 받습니까?
그 사람의 경력과 학력을 알아보기 위해서 입니다.
그렇다면 면접은 왜 하는 것입니까?
그 사람의 됨됨이를 알아보기 위해서 입니다.
그러나 이러한 측정치는 자료로서의 가치가 미미합니다.

성공적인 사장들은 지원자의 경력과 학력 등의 이력보다는 지원자가 어디서 근무했고, 근무한 곳에서 '그 회사(조직)를 성공시키는 데 일조했는가?'를 판단하는 것입니다.

미국에는 'G회사 출신이라면 무조건 받아들인다'는 고용 원칙이 있다고 합니다.

왜냐하면 G회사 출신자들은 '회사의 5대 조직에서 어느 한 사람도 절대로 근무에 소홀하면 안 된다'는 **철저한 훈련**으로 무장되어 있는 사람들이기 때문입니다.

자기 회사를 비난하거나 불평을 늘어놓는 사람, 자기 주인 (사장)을 비방하거나 불만을 털어놓는 사람들이 근무하는 회사는 결국 망하게 되어 있습니다.

성경은 '개미에게 배우라'고 교훈합니다.

종업원이 회사를 지키고 주인을 지키는 데 팔과 다리의 역할, 신경혈관의 역할, 오장육부(五臟六腑)의 역할을 잘 감당해야 그 몸이 지탱되고, 건강하고 활기차게 살아가는 것입니다.

노사투쟁을 일삼는 회사는 순식간에 혹은 서서히 망하거나 사라져가지만, 개미들처럼 한마음으로 뭉치고 단합하여 자신의 주인과 회사를 지키는 사람들은 서서히 일어서게 됩니다.

회사는 아무리 재무구조가 양호해도 불평과 불만과 부정적인 사고로 내부에서 파괴하는 일을 주저하지 않고 저지르는 사람이 있는 한 그 회사는 반드시 망하게 되어 있습니다.

다른 부서가 양호하다 해도 이 한 사람 때문에 망합니다.

전체 몸 기관이 양호해도 심장이 멈추면 그 하나 때문에 죽는 것과 같은 원리입니다.

한 회사가 '승할 것인가? 망할 것인가?'를 평가해보려면 사원들의 심성이 어떤 상태인가를 파악하면 됩니다.

한 회사가 '흥할 것인가? 망할 것인가?'는 그 회사에 다니는 직원 한 사람만 만나서 이야기를 해봐도 알 수 있습니다.

그러나 회사(조직)의 장래성에 대해 진단하려면 그 조직의 일원인 자기 자신의 마음 자세와 근무 자세를 점검해 보면 더욱 쉽게 알 수 있습니다.

다른 사람을 알아보기보다는 자기 자신에 대해 알아보는 것이 더욱 쉽기 때문입니다.

성공한 사람들에게는 지키는 속성이 있습니다.

모으는 속성이 있습니다.

실패자들의 속성은 무너뜨리는 속성이 있습니다.

헤치는 속성이 있습니다.

그러므로 성공한 사람이 되려면 지키고 모으는 속성으로 자아를 훈련시켜야 합니다.

섬기는 자가 성공합니다.

> "너희 중에는 그렇지 않을지니 너희 중에 누구든지 크고자 하는 자는 너희를 섬기는 자가 되고 너희 중에 누구든지 으뜸이 되고 자 하는 자는 모든 사람의 종이 되어야 하리라"(막 10:43-44)
>
> "인자가 온 것은 섬김을 받으려 함이 아니라 도리어 섬기려 하고 자기 목숨을 많은 사람의 대속물로 주려 함이니라"(막 10:45)

신은 왜 인간의 마음속에 섬기는 마음을 주셨을까요?

이는 신이 피조물들의 섬김을 받기 위해서입니다.

신을 가장 가까이에서 잘 섬기는 자가 종교적으로 최고의 성공한 사람이 되었고, 인간을 가장 가까이서 잘 섬기는 자가 정치적으로 가장 성공한 사람이 되었으며, 자연을 가장 가까이서 잘 섬긴 사람이 과학적으로 가장 성공한 사람이 되었습니다.

'섬긴다'는 것(섬기는 것 자체)은 '소유한다'는 것입니다.

> "왕을 섬기는 자는 사실상 왕을 소유한 사람이다."

섬기는 자는 결코 '종'으로서만 평가되는 것이 아닙니다.

'소유자'라는 개념으로 인식해야 합니다.

예수 그리스도께서 '인간을 섬기러 오셨다'는 것과 모든 인간을 '자기 백성으로 소유하였다'는 것은 같은 맥락입니다.

여기에는 중요한 사실이 있습니다.

'섬김이 먼저인가? 소유가 먼저인가?'입니다.

예수께서는 섬김을 먼저 하고, 후에 소유를 생각하셨습니다.

"누구든지 사람 앞에서 나를 시인하면 나도 하늘에 계신 내 아버지 앞에서 그를 시인할 것이요"(마 10:32)

이 원리를 아시겠습니까?
성공한 사람은 이 원리를 파악하고 있는 자들입니다.
'섬기면 소유된다'는 철학을 가지고 있는 것입니다.
부모를 자식보다 잘 섬기는 자가 없기 때문에 자기 부모도 소유하고 있는 것입니다.

성공자는 섬기는 사람입니다.
섬기는 자는 소유하게 됩니다.

이 같은 사실을 인식하는 사람은 '성공이 섬김에서 온 것이며, 섬김이 소유를 가져오는 것'이라고 정의를 내릴 것입니다.

만일 어떤 사람이 소유하기 위해 섬김 대신 싸움을 걸어온다면 이는 큰 상처를 입을 것입니다.
이에 성경은 다음과 가르치고 있습니다.

"만일 서로 물고 먹으면 피차 멸망할까 조심하라"(갈 5:15)

이는 진리(眞理)입니다.
물고 뜯는 힘이 있으면 그 힘을 가지고 섬기고 지키는 데 사용하여 반드시 소유하게 될 것입니다.

그러므로 해치고 헐뜯는 언어를 칭찬의 언어로 바꾸십시오.
성경에서 가장 성공한 사람 요셉을 보십시오.
요셉은 주인 보디발의 전 재산을 맡은 자가 되었습니다.
그는 여인에게 억울한 누명을 쓰고 감옥에 갔으나 또한 감옥에 갇힌 죄수들까지도 지성으로 섬겼습니다.

그들은 이 요셉의 섬김에 대해 감동했던 것입니다.

그러다가 애굽 왕의 궁전에서 떡 굽는 관원장의 눈에 들게 되었습니다.

훗날에 그가 감옥에서 나가 복직하게 되자 그는 섬김의 사람 요셉을 왕에게 추천합니다.

여기서 왕에게 발탁된 요셉은 하나님의 지혜를 꿈속에서 받아 왕을 잘 섬기게 되었습니다.

이에 탄복한 왕은 요셉에게 나라의 전권과 국무총리의 직위를 주어 모든 애굽 나라를 다스리게 하였습니다.

이는 세상에서 성공하는 원리를 말해 주는 진리입니다.

독자 여러분은 성공한 사람이 되기를 원하십니까?
그렇다면 이 진리를 배우려고 노력하시기 바랍니다.

'성공자는 섬기는 자'라는 인식을 여러분의 생각과 행동 속에 간직하시기 바랍니다.

우리 자신이 '섬기는 자'로 변신(變身)하고 나면 우리는 이미 성공한 사람이 되어 있을 것입니다.

사람들은 물질의 소유에서 제외되면 망한 줄로 착각합니다.

섬김의 정신이 살아 있는 한 결코 실패한 사람이 아닙니다.

섬김의 정신이 다시 이 사람을 일으켜 세우기 때문입니다.

이 섬김의 정신이 곧 성공의 원천이기 때문입니다.

성공을 위한 베이직 트레이닝

❖ 크고 작은 모든 일에서 기회를 발견하라

기회는 언제나, 어디에나 있습니다.

우리가 성공하지 못하는 것은 기회가 없어서가 아니라 기회가
너무 많기 때문입니다.

우리는 우리에게 오는 기회가 너무 많기 때문에 이를 중요하게
생각하지 못하고 있습니다.

자기 것으로 사용하려 들지 않는 것입니다.

그러므로 민감성을 가지고 작은 기회라도 인지하십시오.

아무리 힘들고 절망적인 상황이라도 기회는 있습니다.

기회를 볼 줄 아는 것만도 잠재력을 가진 것이고, 새로운 가능성
으로 향하는 것입니다.

❖ 베이직 트레이닝

1. 우리가 당면한 일들 중에서 새로운 기회가 될 일이 있다면
   무엇이라고 생각하십니까?

   1) 가정에서
   2) 직장에서
   3) 소그룹에서

2. 우리가 기회로 삼겠다고 마음먹었을 때 우리의 감정이 어떻
   게 변하였습니까?

3. 우리가 새로운 기회로 삼을 만한 단서는 무엇입니까?

4. 기회를 살리기 위해 우리가 해야 할 일은 무엇입니까?

5. 우리는 우리 안에서 어떤 잠재력을 발견했습니까?